L'HOMME ET SES CORPS

UNICURSAL

Éditions Unicursal Publishers

www.unicursalpub.com

ISBN 978-2-924859-16-2

Première Édition, Yule 2017

ANNIE BESANT

L'HOMME
ET SES
CORPS

Classiques Théosophiques

UNICURSAL

PRÉFACE DE L'ÉDITION ANGLAISE (1896)

Au moment d'envoyer dans le monde ce petit volume, il n'est guère besoin de longs commentaires. Il forme le septième numéro d'une série de manuels destinés à répondre à l'appel du public par un exposé simple des enseignements théosophiques.

Quelques-uns se sont plaints de ce que notre littérature est à la fois trop abstruse, trop technique et trop dispendieuse pour le lecteur ordinaire ; et nous espérons que la présente série pourra satisfaire ce besoin très réel. La Théosophie ne s'adresse pas aux seuls érudits : elle s'adresse à tous. Parmi ceux qui, dans ces petits livres, entreverront pour la première fois les enseignements de cette École, quelques-uns peut-être seront amenés à pénétrer plus profondément dans sa philosophie, sa science et sa religion, abordant enfin ses problèmes plus abstrus avec le zèle de l'étudiant et l'ardeur du néophyte. Mais ces manuels ne sont pas écrits pour l'étudiant zélé qu'aucune difficulté initiale ne peut rebuter. Ils s'adressent tout simplement aux gens affairés, qui vivent dans le tourbillon de notre monde actuel ; et ils cherchent à exposer clairement quelques-unes des grandes vérités qui rendent la vie plus supportable et permettent d'affronter plus tranquillement la mort. Écrits par quelques serviteurs des Maitres qui sont les Frères Ainés de notre race, ils ne peuvent avoir d'autre but que de rendre service à nos semblables.

INTRODUCTION

L a confusion entre l'être conscient et ses véhicules, entre l'Homme et les vêtements qu'il porte,
est chose si fréquente, qu'il nous a paru utile
de mettre sous les yeux de l'étudiant en Théosophie
un exposé simple et net des faits, tels qu'ils nous
sont connus. Nous sommes arrivés, dans nos études,
à un point où bien des choses jadis obscures et vagues sont devenues claires et précises, et où beaucoup
d'enseignements, acceptés d'abord à titre purement
théorique, se sont transformés pour nous en faits de
connaissance directe. D'où la possibilité d'établir un
classement méthodique de ces faits vérifiés, faits dont
l'observation pourra se renouveler indéfiniment à
mesure que de nouveaux étudiants développeront en
eux-mêmes les facultés nécessaires. Et nous pouvons
parler de ces faits avec la certitude du physicien traitant d'autres phénomènes observés et classifiés. Mais,
tout comme le physicien, le métaphysicien est sujet à

loppent "l'Égo", chacun de ces revêtements lui permettant de fonctionner dans quelque région déterminée de l'Univers.

Un voyageur, désireux de se transporter sur terre, sur mer ou dans les airs, emploiera une voiture, un vaisseau ou un ballon, selon le milieu où il désire se mouvoir. Mais ces véhicules divers ne modifient nullement son identité à lui, voyageur. Il en est de même pour "l'Égo", l'*Homme* véritable, qui reste lui-même, quel que soit le corps dans lequel il fonctionne. Et comme la voiture, le bateau, le ballon, diffèrent par leurs matériaux et leur construction, selon l'élément où chacun doit se mouvoir, de même les corps de l'Homme varient selon l'ambiance dans laquelle ils sont destinés à agir.

La densité de leur substance, la durée de leur vie, les facultés dont ils sont doués, dépendent du rôle qu'ils ont à remplir ; mais ils ont tous ceci de commun, que, relativement à l'*Homme*, ils sont transitoires. Ils sont ses instruments, ses serviteurs, s'usant et se renouvelant selon leur nature, s'adaptant aux besoins variables de l'Homme et à ses pouvoirs croissants. Nous les examinerons successivement, en commençant par le moins élevé ; puis nous aborderons l'étude de l'Homme lui-même, de l'Être qui agit à travers tous ces corps.

LE CORPS PHYSIQUE

Sous la dénomination de "corps physique", il faut comprendre les deux principes inférieurs de l'Homme (en langage théosophique : Sthoûla Sharîra et Linga Sharîra). Nous les réunissons ensemble, parce que tous deux fonctionnent sur le plan physique, qu'ils sont composés de matière physique, sont rejetés par l'Homme à sa mort, et qu'ils se désagrègent enfin totalement dans le monde physique lorsque leur maitre passe dans le monde astral.

Une autre raison qui nous fait classer ces deux principes sous le nom de corps ou "véhicule" physique, c'est que, tant que nous sommes incapables de nous dégager du monde (ou du *plan* physique, selon l'appellation usuelle), nous utilisons constamment l'un et l'autre de ces deux revêtements physiques. Tous deux se rattachent au dernier plan de l'Univers par les matériaux qui les composent, et ils ne peuvent quitter ce plan. La conscience, tant qu'elle opère en eux, est ob l'expression "double éthérique" exprime exactement la nature et la constitution de la partie la plus subtile du corps physique; elle est donc à la fois significative et facile à retenir, conditions que tout nom devrait remplir. Cet élément est "éthérique" parce qu'il est formé d'éther, et "double" parce qu'il constitue un duplicata exact du corps physique, — son ombre, pour ainsi parler.

Or, la matière physique forme sept subdivisions, qu'on peut distinguer les unes des autres, et dont chacune produit, entre ses propres limites, des combinaisons infiniment diverses. Ces subdivisions sont: le solide, le liquide, le gaz, puis l'éther sous quatre états aussi distincts les uns les autres que sont distincts entre eux le solide, le liquide et le gaz. Tels sont les sept états de la matière physique, et toute portion de cette matière est susceptible de passer par n'importe lequel de ces états. Cependant, dans les conditions dites "normales" de température et de pression, elle adopte l'un des sept états comme condition relativement permanente. Ainsi, généralement, l'or est solide, l'eau liquide, et le chlore gazeux. Le corps physique de l'Homme se compose de matière physique en ces sept états, — son corps grossier consistant en solides, liquides et gaz, et son double éthérique se composant des quatre subdivisions de l'éther, respectivement désignées par éther I, éther II, éther III et éther IV.

Ceux à qui l'on expose les vérités plus hautes de la théosophie, se plaignent toujours d'être laissés dans le vague, surtout en ce qui concerne l'application pratique de ces théories. "Où donc commencer, demandent-ils, si nous voulons nous instruire par nous-mêmes, et trouver la preuve des assertions faites ? D'où nous faut-il partir pour cela ? Quelles sont les premières mesures à prendre ? Quel est, en un mot, l'alphabet de cette langue en laquelle discourent si couramment les théosophes ? Que devons-nous faire, nous autres, gens du monde, pour comprendre et vérifier les faits qui nous sont exposés, au lieu de les accepter, en confiance, de ceux qui se donnent comme les ayant vérifiés ?" Telle est la question à laquelle j'entreprendrai de répondre dans les pages suivantes, afin que ceux qui sont réellement sincères puissent se rendre clairement compte des premières mesures pratiques à prendre.

Mais il est toujours sous-entendu que ces mesures doivent s'appliquer à une vie dont les régions morale, intellectuelle et spirituelle sont également soumises à une éducation systématique ; car il est évident qu'aucun entrainement du seul corps physique ne fera de l'Homme un voyant ou un saint. Il n'en subsiste pas moins, cependant, que le corps, en tant qu'instrument à nous imposer, doit nécessairement subir une certaine préparation, pour nous permettre d'orienter nos pas dans la direction du Sentier. Alors que jamais le soin exclusif du corps ne pourra nous conduire aux hauteurs où nous aspirons, la négligence de ce même corps nous mettra dans la totale impuissance de gravir jusqu'à ces hauteurs.

Les véhicules dans lesquels l'Homme doit vivre et travailler sont ses instruments. Il faut donc avant tout comprendre que nous ne sommes pas faits pour notre corps, mais que notre corps est fait pour nous. Il nous est donné pour notre usage et nous ne sommes pas sa chose, à son service. Le corps est un outil, qui doit être épuré, amélioré, dressé ; qui doit être moulé selon la forme et constitué par les éléments les plus aptes à en faire, sur le plan physique, l'instrument des plus sublimes desseins de l'Homme. Tout ce qui tend vers ce but doit être encouragé et cultivé ; tout ce qui va à l'encontre est à éviter. Peu importent les désirs du corps et ses habitudes prises dans le passé. Le corps est nôtre, il est notre serviteur, pour être employé selon notre bon vouloir. Et dès qu'il prend les rênes en main et prétend guider l'Homme au lieu d'être guidé par lui, alors est inverti le but de la vie entière, et tout progrès devient absolument impossible. Voilà d'où doit partir tout homme sincère.

D'ailleurs, la nature même du corps physique le rend facile à convertir en serviteur ou en instrument.

Il possède certaines caractéristiques qui nous aident à le dresser et le rendent relativement facile à guider et à mouler selon notre désir. L'une de ces caractéristiques, c'est qu'une fois l'habitude formée de suivre une ligne d'activité particulière, le corps persistera très volontiers à la suivre de son plein gré, avec le même plaisir qu'il éprouvait jadis à suivre une autre ligne, toute différente. Une mauvaise habitude prise, le corps résistera fortement à toute velléité de changement. Mais, ce changement une fois imposé, et la résistance surmontée, le corps, après avoir été d'abord forcé d'agir selon la volonté de l'Homme, suivra bientôt spontanément la voie tracée par cette volonté. En un mot, le corps aura vite fait de reporter sur sa nouvelle habitude toute la complaisance avec laquelle il s'adonnait jadis à l'ancienne, que la raison, que l'Homme a cru devoir changer.

Reportons-nous maintenant à la considération spéciale du corps grossier, qui peut être appelé, d'une façon générale, la partie visible du corps physique, bien que ses éléments gazeux soient déjà invisibles pour l'oeil physique non entrainé. C'est ici le vêtement le plus extérieur de l'Homme, sa plus basse manifestation, l'expression la plus bornée et la plus imparfaite de l'Égo.

A. Le Corps Grossier

Nous devons nous appesantir assez longuement sur la constitution du corps, si nous voulons comprendre comment il est possible à l'Homme de s'en rendre maitre pour le purifier et le dresser. Les fonctions du corps peuvent se subdiviser en deux groupes, dont l'un est généralement indépendant de la volonté, l'autre lui étant, au contraire, soumis. Nous allons les considérer successivement. Ces deux groupes fonctionnent au moyen du système nerveux, dont les caractéristiques diffèrent de l'un à l'autre.

Occupons-nous d'abord du système dit "Grand Sympathique", qui préside aux fonctions du corps chargées d'entretenir la vie habituelle, contraction et expansion du poumon, battements du coeur, mouvements des organes digestifs. Ce système comprend les nerfs des mouvements involontaires, ou de la vie végétative. Á une certaine époque, dans le lointain passé de l'évolution physique qui édifia nos corps, ce système était commandé par l'animal qui le possédait. Mais peu à peu, il commença à fonctionner automatiquement, échappa au contrôle de la volonté, se rendit presque indépendant et s'acquitta de toutes les fonctions vitales normales du corps. Tant que l'Homme est en bonne santé, ces fonctions passent inaperçues. Il sent qu'il respire, lorsqu'une oppression fait obstacle à

sa respiration ; il sait que son coeur bat, lorsque les battements en sont violents ou irréguliers. Mais, si tout
est en ordre, il ne s'aperçoit de rien. Il est cependant
possible d'amener le système nerveux sympathique
sous le contrôle de la volonté par une pratique longue
et douloureuse, et une certaine classe de Yoguis dans
l'Inde (les "Hatha-Yoguis", tel est leur nom) développent ce pouvoir à un degré extraordinaire, dans le but
de stimuler les facultés psychiques inférieures. Celles-
ci peuvent être développées, sans s'occuper en rien de
la croissance spirituelle, morale ou intellectuelle, et par
action directe sur le corps physique. Le Hatha-Yogui
apprend à régler sa respiration, au point de pouvoir
la suspendre pendant un temps considérable. Il règle
aussi les battements de son coeur, activant ou retardant
à volonté la circulation. Par ces moyens il peut plonger
le corps physique dans un état léthargique et libérer
ainsi le corps astral. La méthode n'est guère à recommander ; mais pour les nations occidentales, portées à
trouver si impérative la nature du corps, il est instructif
de savoir que l'Homme peut dominer pleinement ces
fonctions automatiques à l'état normal, et d'apprendre
que des milliers d'individus s'imposent une discipli-
ne longue et excessivement douloureuse, dans le seul
but de se libérer de la prison du corps physique, et de
savoir qu'ils vivent lorsque l'animation de leur corps

est suspendue. Quelque peu recommandable que soit leur méthode, ces gens-là prennent du moins leur rôle au sérieux et ne sont plus les simples esclaves de leurs sens.

En second lieu, nous trouvons le système nerveux volontaire, beaucoup plus important que le précédent, car c'est lui qui sert à l'expression de notre mentalité. C'est ici le grand système, instrument de notre pensée, grâce auquel nous pouvons sentir et nous mouvoir sur le plan physique. Ce système se compose de l'axe cérébrospinal (cerveau et moelle épinière), d'où se ramifient, dans toutes les parties du corps, des filaments de substance nerveuse. Ces filaments sont les nerfs sensitifs et moteurs : les premiers allant de la périphérie au centre, et les seconds du centre à la périphérie. De tous les points du corps partent les filaments nerveux, qui s'unissent en faisceaux, pour rejoindre ensuite la moelle épinière, dont ils forment la substance fibreuse externe. De là ils remontent pour se déployer et se ramifier dans le cerveau, centre de toute sensation et de tout mouvement intentionnel soumis au contrôle de la volonté. Tel est le système qui nous occupe, moyen d'expression de la volonté et de la conscience humaine ; aussi peut-on dire que ces facultés ont leur siège dans le cerveau. Sur le plan physique, l'Homme ne peut rien faire sans l'intermédiaire du cerveau et du système nerveux. Si ces appareils sont dérangés, il devient incapable de s'exprimer méthodiquement.

Voilà précisément le fait sur lequel le matérialisme a fondé son objection bien connue : la pensée, disent les fervents défenseurs de cette doctrine, dépend de l'activité cérébrale et varie avec cette activité. Or il est certain que si, comme le matérialiste, nous ne considérons que le plan physique, les variations de la pensée et celles du cerveau sont en effet concomitantes. Il est nécessaire d'introduire des forces d'un autre plan, du plan astral notamment, pour montrer que la pensée n'est pas le résultat de l'activité nerveuse. Il est donc bien vrai qu'un cerveau étant sous l'action narcotique, d'une maladie ou d'une blessure, la pensée de l'homme à qui ce cerveau appartient ne peut plus trouver son expression normale sur le plan physique. Le matérialiste vous montrera aussi comment certaines lésions déterminées produisent sur la pensée des effets déterminés. Ainsi, par exemple, il existe une affection, peu fréquente d'ailleurs, nommée l'aphasie, qui détruit une portion particulière du tissu cérébral, voisine de l'oreille. Cette affection est accompagnée d'une perte totale de la mémoire des mots. Si vous posez une question au patient, il est incapable de vous répondre ; si vous lui demandez son nom, il reste muet. Mais prononcez vous-même son nom, et il montrera qu'il le reconnait ; faites-lui une lecture, et il donnera des signes d'approbation ou de désapprobation. Il pense donc, mais ne peut parler. Il semble que la portion détruite du cerveau soit en rapport spécial avec la mémoire physique des mots, de telle sorte que sa destruction fasse perdre à l'homme sur le plan physique, la mémoire des mots. Il serait ainsi rendu muet, tout en conservant le pouvoir de penser et la faculté d'assentiment ou de dissentiment envers toute proposition énoncée devant lui. Il est, d'ailleurs, évident que l'argument matérialiste ne tient plus, dès que l'homme est débarrassé de son instrument défectueux. Il peut alors manifester librement ses pouvoirs ; mais il redevient impuissant dès qu'il en est de nouveau réduit aux moyens physiques d'expression. Quoi qu'il en soit, l'importance de cette discussion, en ce qui concerne notre recherche actuelle, gît, non pas dans le plus ou moins de valeur des doctrines matérialistes, mais bien dans ce fait, que, d'une part, l'Homme est limité, dans son expression sur le plan physique, par les facultés de son instrument physique ; et que, d'autre part, cet instrument est susceptible d'être influencé par les agents physiques. Si ces derniers agents peuvent, comme nous venons de le voir, lui faire du tort, il est certain qu'ils pourront aussi servir à l'améliorer. Cette considération sera pour nous d'une importance capitale.

De même que toutes les autres parties du corps, le
double système nerveux dont nous venons de parler
est constitué par des cellules, petits corps bien déli-
mités, comprenant une paroi et une substance incluse,
visibles au microscope et modifiés selon leurs fonctions diverses. Les cellules, à leur tour, se composent
de petites molécules ; ces dernières enfin sont formées
d'atomes. Ce sont ici les atomes du chimiste : chacun
d'eux est pour lui l'ultime particule indivisible d'un
élément chimique. Ces atomes chimiques se combi-
nent en d'innombrables manières pour former les gaz,
les liquides et les solides du corps grossier. Mais pour
le théosophe, chaque atome chimique est un être vivant, capable de mener une vie indépendante ; et chaque combinaison de ces atomes en un groupement
plus complexe constitue encore un être vivant. Ainsi
chaque cellule jouit de sa vie propre, et tous ces atomes chimiques, toutes ces molécules, toutes ces cellules s'unissent pour former un "tout" organique, un
corps, qui sert de véhicule à un mode de conscience
plus élevé que tout ce que ces êtres rudimentaires peuvent connaitre dans leur existence séparée. Or, les particules vivantes dont se compose ce corps plus élevé, ce
corps humain, viennent et s'en vont continuellement.
Ce sont des agrégats d'atomes chimiques, trop petits
pour être perceptibles à l'œil nu, mais souvent visibles

au microscope. Ainsi, lorsque nous regardons au microscope une goutte de sang, nous y voyons se mouvoir
un grand nombre de corpuscules vivants. Ce sont les
globules blancs ou rouges ; les blancs se rapprochant
beaucoup, par leur structure et leurs mouvements, des
amibes ordinaires. Nous y voyons de plus des microorganismes, en rapport avec un grand nombre de mala-
dies, des bacilles d'espèces diverses ; et le savant nous
dira qu'il y a dans notre corps des microbes amis et en-
nemis : les uns nous font du tort, et les autres se jettent,
pour les dévorer, sur les intrus malintentionnés et sur
les déchets qui ne servent plus à rien. Nous recevons
donc continuellement du dehors des microorganismes,
dont les uns nous apportent la maladie et la ruine, les
autres la santé. Ainsi se renouvèlent sans cesse les matériaux constituant notre vêtement corporel. Ils rentrent dans notre organisme, y restent quelque temps,
puis s'en vont faire partie d'autres corps. Il y a donc en
nous un perpétuel changement, un "va-et-vient" incessant.

Or, l'immense majorité des hommes connait peu
ces faits et s'en inquiète encore moins. C'est pourtant sur eux qu'est fondée la possibilité de purifier le
corps grossier et d'en faire un véhicule plus digne de
son hôte. L'homme ordinaire permet à son corps de
s'édifier n'importe comment à l'aide des matériaux qui

lui sont fournis. Il ne s'inquiète aucunement de leur nature, pourvu qu'ils flattent son gout et ses désirs, et n'a cure de savoir s'ils construisent à "l'Égo", au vrai Homme qui vit éternellement, une pure et noble demeure. Il n'exerce aucune surveillance sur ces particules qui viennent et s'en vont, il ne choisit rien, ne rejette rien, mais laisse tout s'arranger au petit bonheur : tel un maçon négligent qui ramasserait, pour construire sa maison, des détritus quelconques, rebuts de laine et de poils, boue, copeaux, sable, vieux clous, déchets et ordures. En un mot, l'homme ordinaire édifie son corps sans rime ni raison.

Il suit de là que la purification du corps grossier consistera en un processus de sélection délibérée des particules qu'on laissera entrer dans sa constitution. L'homme y introduira, sous forme de nourriture, les éléments constitutifs les plus purs qu'il puisse obtenir, repoussant tout ce qui est impur et grossier. Il sait que les particules admises en son corps pendant le temps qu'il a négligemment vécu, s'élimineront d'elles-mêmes, graduellement et naturellement, dans un délai d'environ sept ans (cette élimination est même susceptible d'être fortement activée) ; et il prend la résolution de n'y plus introduire rien de malpropre. Au fur et à mesure qu'il accroit en lui les éléments purs, il forme en son corps une armée de défenseurs qui détruisent toute particule impure capable de le surprendre du dehors, ou d'y entrer sans son consentement. L'Homme peut même protéger encore plus sa demeure corporelle par une volonté active de la maintenir pure. Cette volonté agit magnétiquement et chasse continuellement du voisinage du corps tous les êtres impurs qui voudraient l'envahir. Le corps humain se trouve ainsi protégé contre les incursions auxquelles il est exposé, alors qu'il vit dans une atmosphère imprégnée de malpropretés de toute sorte.

En adoptant cette résolution de purifier son corps et d'en faire un instrument convenable au service du Soi, l'Homme prend la première détermination préparatoire à la pratique du Yoga. Cette détermination doit être prise quelque jour, dans cette vie ou dans une autre, avant que l'on ait le droit de poser sérieusement cette question : "Quel est le moyen d'apprendre à vérifier par soi-même les enseignements de la théosophie ?" Toute vérification personnelle des faits hyperphysiques dépend du complet assujettissement du corps physique à l'Homme, son maitre. Cette vérification, il doit la faire, et il en est incapable tant qu'il est enchaîné dans la prison de son corps ou tant que ce corps est impur. En admettant même qu'il ait apporté, de quelque autre existence mieux disciplinée, des pouvoirs psychiques partiellement développés et que ces pouvoirs réussissent à se manifester en dépit des circonstances défavorables auxquelles l'Homme est actuellement soumis, il n'en reste pas moins certain qu'il sera gêné dans leur usage tant qu'il sera dans son corps physique, si ce corps est impur. Le corps obscurcira ou déformera les impressions perçues à travers lui, et tous les renseignements obtenus seront sujets à caution. Supposons maintenant que l'Homme se décide, après mure délibération, à se bâtir un corps pur. Ou bien il profitera de ce que son corps se renouvèle complètement dans un délai d'environ sept ans, ou bien il préfèrera la voie plus courte, mais plus difficile, du changement rapide. Dans l'un et l'autre cas il commencera immédiatement à choisir les matériaux qui devront lui constituer un nouveau corps pur, et la question du régime se présentera à lui. Dès le début, il exclura de son alimentation toute nourriture capable d'introduire dans son corps des particules impures et susceptibles de le souiller. Il supprimera l'alcool et toutes les liqueurs qui en contiennent, car ces boissons introduisent dans son corps physique des microbes impurs, produits de la fermentation. Ces microbes ne sont pas seulement répugnants en eux-mêmes, mais ils attirent à eux, par une indéniable affinité, quelques-uns des habitants les plus dangereux du plan immédiatement supérieur. L'Homme subit donc forcément ce contact impur, qui, pour être invisible physiquement, n'en est pas moins réel. Des ivrognes privés, par la mort, de leur corps physique et incapables d'assouvir par eux-mêmes leur exécrable désir des substances enivrantes sont là, dans l'atmosphère astrale, errant autour des lieux où l'on boit et des gens qui boivent. Ils cherchent à s'insinuer dans le corps même des buveurs, pour prendre leur part de la vile jouissance à laquelle ceux-ci s'abandonnent. Des femmes sensibles et délicates se détourneraient avec horreur de leur verre, s'il leur était une fois donné de *voir* les créatures répugnantes qui cherchent à partager leur plaisir et le lien intime qu'elles établissent avec les êtres les plus dégoutants du monde invisible. Des éléments mauvais s'assemblent également alentour, pensées d'ivrognes revêtues de substance élémentale. En même temps, le corps physique attire à lui, de l'atmosphère ambiante, des particules grossières provenant du corps d'ivrognes et de viveurs ; ces particules entrent dans la composition du corps, qu'elles souillent et avilissent. Si nous considérons les gens qui sont constamment en contact avec l'alcool, ceux qui fabriquent ou débitent les vins, bières, spiritueux, et toutes les liqueurs malpropres, nous verrons, physiquement, combien leur corps est devenu grossier et dégradé. Il suffit, comme exemple, d'un brasseur ou d'un cabaretier (sans parler des gens de toute classe qui boivent avec excès), pour montrer ce que font, partiellement et graduellement, tous ceux qui introduisent en eux de tels éléments. Plus ils en absorbent, plus leur corps devient vulgaire et grossier.

Il en est de même de toutes les autres substances alimentaires impropres à la consommation de l'Homme : la chair des mammifères, des reptiles, des poissons, celle aussi des crustacés et des mollusques qui vivent de cadavres, ainsi que toute nourriture souillée de sang, indigne des lèvres d'un Aryen. Comment un corps formé de tels matériaux peut-il être pur, sensitif, délicatement équilibré et, en même temps, parfaitement sain, ayant la force et la finesse de l'acier trempé ? Comment peut-il être, en un mot, l'instrument indispensable à tout travail supérieur ? Ceux qui construisent leur corps à l'aide de substances si corrompues, attirent, eux aussi, des éléments d'un genre très dangereux. Un sensitif peut les voir, errant autour des boucheries et aspirant les effluves qui montent des carcasses sanglantes et des flaques de sang à moitié dissimulées sous la sciure. Est-il besoin d'y joindre encore la leçon pratique que nous fournit le seul aspect physique de ceux qui vivent dans un tel milieu ? Voyez l'équarrisseur et le boucher, et demandez-vous si leur corps semble être l'instrument le mieux indiqué pour un travail de haute pensée ou la méditation des sublimes vérités spirituelles. Et, cependant, le corps du boucher n'est que le produit achevé des mêmes forces qui opèrent, en proportion, chez les clients qu'il fournit de ses viandes impures. Nous le répétons encore une fois, aucune attention prêtée par l'Homme au corps physique seul ne pourra lui donner d'elle-même la spiritualité ; mais est-ce une raison pour s'encombrer d'un corps impur ? Est-ce une raison pour permettre que les pouvoirs de l'Homme, grands ou petits, soient limités, entravés, étouffés dans leur manifestation par l'imperfection forcée d'un tel instrument ?

Nous trouvons pourtant sur notre chemin une difficulté qu'il ne faut pas passer sous silence. Nous pouvons prendre grand soin de notre corps et nous abstenir résolument de le rendre impur ; mais nous vivons au milieu de gens insouciants et qui, pour la plupart, sont dans la plus complète ignorance de ces faits de la Nature. Dans une ville comme Londres, voire même dans toute ville occidentale, il est impossible de parcourir les rues sans être offusqué presque à chaque pas. Or, plus nous purifions notre corps, plus s'accroit la délicatesse de nos sens physiques, et plus, par conséquent, nous avons à souffrir au sein d'une civilisation aussi grossière et aussi bestiale que la nôtre. Lorsque nous traversons les rues pauvres et commerçantes, qui ont des cabarets à tous les coins, impossible d'échapper à l'odeur de boisson. L'effluve de chaque guinguette déborde sur celle de la suivante, et, parfois même, des rues soi-disant convenables sont ainsi infectées. En outre, nous sommes contraints de passer devant les abattoirs et les boucheries, et de voyager dans les trains et les omnibus en compagnie de corps puant la viande et l'alcool. L'on sait évidemment que de meilleures dispositions seront prises lorsque la civilisation sera un peu plus avancée, et qu'il y aura quelque chose de gagné lorsque toutes ces malpropretés seront centralisées dans des quartiers spéciaux, où ceux qui y tiennent pourront les aller chercher. Mais, en attendant, les particules impures nous arrivent de tous ces mauvais lieux, et nous les respirons avec l'air de nos villes. Heureusement, comme le corps sain où les microbes ne peuvent germer, le corps pur, lui aussi, offre un terrain impropre au développement de ces particules malsaines. De plus, ainsi que nous l'avons vu, il y a en nous des armées d'êtres vivants qui sont toujours à l'oeuvre, travaillant à maintenir la pureté de notre sang. Ces véritables gardes du corps se jettent sur toute particule empoisonnée pour la mettre en pièces et l'exterminer, dès qu'elle s'introduit dans la cité d'un corps pur. À nous de choisir entre posséder en notre sang ces défenseurs de la vie, ou le peupler de pirates qui ravagent et tuent tout ce qui est bon. Plus fermement nous nous refuserons à admettre dans notre corps tout élément malpropre, mieux nous serons protégés contre les attaques du dehors.

Nous avons déjà fait allusion à l'automatisme du corps et à son assujettissement à la loi de l'habitude. J'ai dit, en outre, que cette caractéristique pouvait être mise à profit. Eh bien, si un théosophe, s'adressant à quelque aspirant désireux de pratiquer le Yoga et de trouver le chemin qui mène aux plans supérieurs de l'existence, lui tenait le langage suivant : "Il faut commencer de suite à purifier votre corps, et cela avant toute pratique du Yoga digne de ce nom. Car, pour un corps impur et indiscipliné, le véritable Yoga est aussi dangereux qu'une allumette enflammée pour un baril de poudre" ; — si, dis-je, notre théosophe tenait à l'aspirant ce langage, ce dernier lui répondrait probablement en exprimant la crainte de voir souffrir sa santé d'une telle détermination. Or il est de fait que le corps, au bout du compte, ne s'inquiète guère des aliments que vous lui donnez, pourvu qu'ils suffisent à le maintenir en bonne santé. Il aura vite fait de s'accommoder de tout régime pur et nourrissant que vous jugerez bon d'adopter. Par le fait que le corps est une créature automatique, il cessera bientôt d'exiger ce qui lui est constamment refusé, et si vous ne tenez aucun compte de ses penchants pour les aliments plus vils et plus grossiers, il concevra spontanément pour eux une aversion habituelle. De même qu'un palais modérément naturel se détourne avec dégout et écoeurement du gibier et de la venaison en état de décomposition, et qu'on a coutume de baptiser du titre de "faisandé", de même un gout pur se révoltera contre tout aliment impur. Supposez qu'un homme ait contracté l'habitude de nourrir son corps de diverses sortes de choses malpropres, son corps les exigera impérieusement, et il sera tenté de céder à ses exigences ; mais, s'il n'y prête aucune attention, s'il agit à sa guise, et non suivant les désirs de son corps, il s'apercevra, à sa grande surprise peut-être, que le corps reconnait bientôt son maitre et se conforme à ses ordres. Au bout d'un certain temps, même, il commence à préférer ce que son maitre lui donne et conçoit un gout prononcé pour les aliments propres et un dégout des aliments malpropres. L'habitude peut donc, selon les cas, être pour nous un secours, ou un empêchement. Votre corps cède dès qu'il sent que vous êtes le maitre et que vous n'avez pas l'intention de vous laisser détourner du but de votre vie par un simple instrument fait pour vous servir.

Remarquons, d'ailleurs, que la responsabilité de tous ces désordres incombe encore plus à *Kâma*, ou au désir, qu'au corps lui-même. Le corps adulte exige certaines choses parce qu'on lui en a donné l'habitude. Mais observez un enfant ; vous verrez que son corps ne demande pas spontanément les aliments dont le corps adulte se gave avec un si grossier plaisir. Le corps de l'enfant, sauf le cas d'une hérédité physique déplorable, éprouve même une aversion marquée pour la viande et le vin. Mais les parents l'obligent à manger de la viande, le père et la mère lui font avaler un peu de vin, au dessert, et l'engagent à "faire le petit homme", jusqu'à ce qu'enfin l'enfant, tant par sa propre faculté imitative que sous la contrainte de son entourage, finisse par prendre des habitudes vicieuses. Alors, évidemment des gouts impurs sont formés, peut-être aussi de vieux désirs Kâmiques sont-ils réveillés, qui sans cela fussent morts faute d'aliment ; et graduellement le corps prend l'habitude d'exiger les choses dont on l'a nourri. Eh bien, malgré tous ces mauvais antécédents, accomplissez le changement, et, au fur et à mesure que vous éliminerez les particules qui ont faim de ces impuretés, vous verrez votre corps changer ses habitudes et se révolter contre la simple odeur des choses qui faisaient autrefois sa joie. La vraie difficulté, dans la voie de la réforme, git en Kâma, et non dans le corps. En réalité, vous ne voulez pas faire ce changement, car, si vous le vouliez, vous le feriez. Vous vous dites : "Peut-être, après tout, cela n'a-t-il pas tant d'importance. Je n'ai pas de facultés psychiques, je ne suis pas assez avancé pour que le régime y fasse grand-chose". Eh bien, jamais vous ne progresserez si vous ne cherchez pas à atteindre tout ce qu'il y a de plus haut à votre portée, et si vous permettez à votre nature passionnelle de se mettre en travers de votre progrès. Vous dites bien : "Comme j'aimerais à posséder la vision astrale et à voyager en corps astral !" Mais, quand il s'agit de mesures sérieuses, vous préférez un "bon" diner. Ah ! Si, pour renoncer à la nourriture impure, on offrait à tout venant vingt-cinq millions au bout d'un an, les plus sceptiques trouveraient le moyen, en dépit des obstacles, de se maintenir en vie sans viande ni vin. Mais, lorsqu'on n'a en perspective que les inestimables trésors d'une vie plus haute, les difficultés sont insurmontables. Si les hommes voulaient vraiment ce qu'ils prétendent vouloir, nous verrions autour de nous des changements autrement rapides. Mais ils "font semblant", et ce, avec tant d'art, qu'ils s'induisent eux-mêmes à croire qu'ils sont sincères. Et pendant des milliers d'années, ils reviennent sur terre et recommencent une vie après l'autre, toujours sans nul progrès. Puis, un beau matin, dans quelque vie particulière, ils se demandent pourquoi ils ne progressent pas et s'étonnent de voir quelque autre homme avancer à pas de géant dans le court espace de cette seule vie, tandis qu'eux piétinent sur place. L'homme qui veut "pour de bon", avec une persistance soutenue, et non par intermitten- ces, peut faire tel progrès qu'il lui plait, tandis que celui qui "fait semblant" continuera à faire tourner la meule pendant bien des vies à venir.

Quoi qu'il en soit, c'est ici, dans cette purification du corps, que git le secret de la préparation à toute pratique du Yoga. Ou, si ce n'est pas là toute la pré- paration, du moins en est-ce une partie essentielle.

Et maintenant, nous en avons assez dit sur le corps grossier, véhicule le plus rudimentaire de la conscience humaine [2].

B. Le Double Éthérique

La science physique moderne enseigne que toutes les variations qui se produisent dans le corps, dans ses muscles, ses cellules ou ses nerfs, sont accompagnées

---

2   Beaucoup de lecteurs français, ignorant l'existence même du végétarisme, pourront s'étonner de voir recommander l'abstention totale de viande et d'alcool. Dans les pays de langue anglaise où le végétarisme est universellement connu et *pratiqué*, depuis bien des années, par des milliers d'adhérents, la chose parait beaucoup moins étonnante.

D'autre part quelques personnes désireuses de faire l'essai de ce régime en sont empêchées par le manque d'ouvrages compétents. Nous croyons rendre service à ces personnes en leur signalant l'ouvrage intitulé : *La table du Végétarien*. (Société Végétarienne de France, 13, rue Froissart, Paris.) (TDT)

d'une action électrique. Cela est probablement vrai, même pour les réactions chimiques continuelles qui ont leur siège dans les tissus. Des preuves amplement suffisantes de ce fait ont été accumulées, grâce à des observations soigneuses, à l'aide des galvanomètres les plus délicats. Or, chaque fois qu'il se produit une action électrique, la présence de l'éther est certaine. L'existence d'un courant est donc une preuve de la présence de cet éther, qui pénètre et entoure tous les corps. Jamais il n'y a contact entre deux particules de matière physique : chacune d'elles est en suspension dans un champ d'éther. Ainsi le savant occidental admet comme une hypothèse nécessaire ce que le disciple entrainé dans la science orientale constate comme un fait, observé et vérifiable ; car, en réalité, l'éther est aussi visible qu'une chaise ou qu'une table, mais nécessite pour cela une vue autre que la vue ordinaire. Comme nous l'avons déjà dit, il existe sous quatre états, dont le plus subtil est constitué par l'ultime atome physique. Nous ne voulons pas parler de l'atome dit "chimique", qui est en réalité un corps complexe : nous voulons désigner ici l'ultime atome du plan physique, celui dont la décomposition donnera de la substance astrale [3].

---

3   Voyez un article sur *la Chimie occulte* dans *la Sagesse antique*, du même auteur. (NDE)

Le double éthérique se compose de ces quatre éthers, qui pénètrent tous les facteurs solides, liquides et gazeux du corps grossier, entourant chaque particule d'une enveloppe d'éther et produisant ainsi un double exact de la forme plus dense. Ce double éthérique est parfaitement visible pour l'oeil entrainé; sa couleur est d'un gris violet, et sa texture est grossière ou fine, selon la qualité correspondante du corps physique. Les quatre éthers en font partie, comme les solides, les liquides et les gaz entrent dans la composition du corps grossier. En outre, de même que pour les facteurs du corps grossier, les combinaisons de ces éthers peuvent être plus ou moins subtiles ou épaisses. Il est important de remarquer que le corps grossier et son double éthérique varient simultanément en qualité. Ainsi, lorsque l'aspirant purifie délibérément et consciemment son corps grossier, son double éthérique se purifie sans qu'il en ait conscience, et sans aucun effort additionnel de sa part [4].

---

4   En examinant, à l'aide de la vision astrale, les corps inférieurs de l'homme, on voit que le double éthérique (*Linga Sharira*) et le corps astral (*corps Kâmique*) se pénètrent l'un l'autre, comme tous deux, à leur tour, pénètrent le corps grossier. De là est née autrefois quelque confusion, et les noms : *Linga Sharira* et "corps astral" ont été employés indifféremment comme synonymes, le dernier des deux servant aussi à désigner le corps *Kâmique* ou "Corps du désir". Cette terminologie peu precise à cause beaucoup d'ennuis, car les fonctions du corps *Kâmique*, ou corps astral proprement dit, ont souvent été attribuées au double

C'est grâce au double éthérique que la force vitale, *Prâna*, circule le long des nerfs et leur permet d'agir comme transmetteurs de la force motrice et de la sensibilité aux impressions externes. Les puissances de la pensée, du mouvement, de la sensibilité ne résident pas dans la substance nerveuse, soit physique, soit éthérique. Ce sont des modes d'activité de l'Égo opérant dans ses corps plus internes ; mais leur *expression* sur le plan physique est rendue possible par le "souffle de vie" qui circule au long des filets nerveux et autour des cellules nerveuses. Car *Prâna*, le souffle de vie, est l'énergie active du "Soi", comme nous l'enseigne Shrî Sankarâchârya. La fonction du double éthérique est de

---

éthérique, auquel on donnait parfois à tort le nom de corps astral. L'étudiant incapable de voir par lui-même s'est inextricablement embrouillé en des contradictions apparentes. Des observations faites avec soin sur la formation de ces deux corps nous permettent d'affirmer nettement que le double éthérique se compose des éthers physiques seulement, et que, s'il est extériorisé, il ne peut ni quitter le plan physique, ni s'éloigner notablement de sa doublure grossière. Nous ajouterons, de plus, qu'il est construit selon le modèle fourni par les Seigneurs du Karma, au lieu d'être apporté par l'Égo. Avec le corps physique moulé sur lui, il attend l'Égo à la naissance.

D'autre part, le corps astral ou *Kâmique*, ou corps du désir, se compose exclusivement de substance astrale; lorsqu'il est séparé du corps physique, il parcourt librement le plan astral, et, sur ce plan, il est le véhicule approprié de l'Égo. L'Égo l'apporte avec lui lorsqu'il vient se réincarner.

Puisqu'il en est ainsi, nous croyons préférable d'appeler le premier de ces deux corps : le double éthérique ; et le second : le corps astral. On évitera ainsi toute confusion.

servir d'intermédiaire physique pour la manifestation de cette énergie. Voilà pourquoi notre littérature l'appelle souvent "le véhicule de Prâna".

Il peut être utile de remarquer que le double éthérique est tout particulièrement sensible aux substances volatiles qui entrent dans la composition des alcools.

C. Phénomènes relatifs au Corps Physique

Lorsqu'une personne "s'endort", l'Égo se glisse hors du corps physique, le laissant sommeiller et récupérer ses forces pour le travail du lendemain. Le corps grossier et son double éthérique sont donc livrés à leurs propres tendances et au jeu des influences qu'ils attirent autour d'eux par leur constitution et leurs habitudes. Des courants de formes-pensées, circulant dans le monde astral, et analogues, par leur nature, aux formes-pensées, créées ou nourries par l'Égo dans sa vie quotidienne, traversent le cerveau grossier et éthérique, et, se mêlant à la répétition automatique des vibrations engendrées à l'état de veille par l'Égo, produisent les rêves décousus et chaotiques dont la plupart des gens sont coutumiers [5]. Les images décousues ainsi produi-

---

5   Voir l'article intitulé les Rêves, par C. W. Leadbeater dans la revue théosophique, le *Lotus bleu* (années 1896-97 et 1897-98).

tes sont instructives, car elles montrent ce que peut faire le corps physique livré à lui-même. Il ne peut que reproduire des fragments de vibrations passées, sans ordre rationnel et sans cohésion. Il colle ces fragments ensemble comme ils arrivent, quelque grotesques et incompatibles qu'ils puissent être. Le cerveau physique n'a nulle conscience de l'absurde ou de l'irrationnel, et se contente d'une fantasmagorie caléidoscopique de formes et de couleurs, où brille même par son absence la régularité que donnerait un caléidoscope. Considéré sous ce jour, le cerveau physique (grossier et éthérique) sera facilement reconnu comme étant l'instrument de la pensée, et non son créateur; nous voyons, en effet, combien irrationnelles sont ses productions lorsqu'on l'abandonne à lui-même.

Pendant le sommeil, l'Égo pensant se glisse hors du corps physique, dont il laisse ensemble les deux parties, grossière et éthérique. Á la mort, il en sort aussi, mais définitivement cette fois, car il entraine avec lui le double éthérique, qu'il sépare complètement du corps grossier. Dès lors, le souffle de vie n'a plus de prise sur ce dernier en tant que "tout" organique. L'Égo se débarrasse ensuite rapidement du double éthérique qui, comme nous l'avons vu, ne peut pas passer sur le plan astral et n'a plus dès lors qu'à se décomposer en compagnie de l'associé de sa vie entière. Ce double apparait parfois à des amis, immédiatement après la mort, mais jamais à une grande distance du cadavre. De plus, il se montre naturellement très peu conscient, ne parle pas et ne peut que se "manifester". Il est relativement facile à voir, puisqu'il est physique, et une légère surexcitation du système nerveux rendra la vue assez perçante pour le distinguer. C'est encore le double éthérique qui fait les frais de nombreuses apparitions et fantômes, car il erre autour de la tombe où git sa doublure physique, et est plus facilement visible que le corps astral, pour la raison que nous venons de donner. Ainsi, même dans la mort rien ne les sépare, ces deux portions du corps physique; rien, qu'un espace insignifiant.

Chez l'homme normal, cette division du corps physique en ses deux facteurs constituants ne se produit qu'à la mort. Mais certains sujets anormaux de la classe des "médiums" peuvent présenter, pendant leur vie même, une division *partielle* du corps physique. C'est là un phénomène anormal et, par bonheur, relativement rare, donnant lieu à une grande fatigue nerveuse et à de graves perturbations. Lorsque le double éthérique s'extériorise, il doit se déchirer lui-même en deux parties; sa totale séparation amènerait la mort, puisque, sans lui, le souffle de vie ne pourrait circuler dans le corps. Cette extraction, même partielle, du double réduit le corps grossier à un état léthargique et produit une suspension presque complète des fonctions vitales. Un épuisement extrême succède à la réunion des parties séparées, et, jusqu'au complet rétablissement de l'état normal, le médium court grand risque de mort physique. La plupart des phénomènes qui se produisent en présence des médiums ne sont pas dus à cette extériorisation du double éthérique. L'on trouve cependant quelques individus présentant cette particularité et qui se sont toujours fait remarquer par le caractère tout spécial des matérialisations qu'ils ont produites. Il parait que M. Églinton présentait à un rare degré ce curieux phénomène de dissociation physique, et que l'on pouvait voir s'écouler, hors de son flanc gauche, son double éthérique, tandis que son corps physique se contractait visiblement. Le même phénomène a été observé chez M. Husk, dont le corps grossier se retirait jusqu'à laisser flotter ses vêtements sur lui. Dans une de ses expériences, le corps de M. Églinton se trouva tellement réduit, qu'une forme matérialisée le porta dans la chambre et le présenta à l'inspection des personnes présentes. C'est l'un des rares cas où le médium et la forme matérialisée aient été tous deux visibles sous un éclairage suffisant pour permettre l'examen. La réduction subie par le médium semblerait indiquer le déplacement d'une partie de la substance grossière "pondérable" du corps (probablement une portion des éléments liquides). Mais, à ma connaissance, aucune expérience n'a été faite sur ce point; il est donc impossible d'en parler avec certitude. Ce qu'il y a de certain, c'est que cette extériorisation partielle du double éthérique a pour conséquences de graves perturbations nerveuses. Aucune personne sensée ne doit donc s'adonner à ces phénomènes, si tant est qu'elle ait l'infortune d'y être sujette.

Nous avons maintenant à étudier successivement les deux parties, grossière et éthérique, de ce corps physique, vêtement indispensable à l'Égo pour oeuvrer sur le plan inférieur de la Nature; demeure dont il peut faire, au choix, ou son atelier de travail physique, ou son cachot, cachot dont la mort seule possède la clef. Nous sommes à même de comprendre ce que nous devrions posséder, et ce que nous pouvons nous procurer graduellement, à savoir: un corps parfaitement sain et vigoureux, et en même temps délicatement organisé, pur et sensitif. Sain, il doit l'être; et, dans l'Orient, la santé est exigée pour l'admission à la condition de disciple. Car tout ce qui, dans le corps, est malsain, le rend impropre à servir d'instrument à l'Égo et risque de déformer aussi bien les impressions perçues du dehors que les impulsions reçues du dedans. Les activités, les réalisations de l'Égo sont entravées lorsque son instrument est fatigué, ou faussé par la maladie. Il faut donc un organisme sain, délicatement agencé, purifié, sensitif, repoussant automatiquement les influences mauvaises, accueillant spontanément les bonnes. Tel est le corps qu'il faut nous bâtir délibérément, choisissant, parmi tous les objets qui nous entourent, ceux qui peuvent nous conduire à cette fin. Sachons bien que la tâche ne peut s'accomplir que par degrés, et travaillons avec patience et constance, sans jamais perdre de vue le but de nos efforts. Dès que nous commencerons à réussir un tant soit peu, nous en serons avertis, car nous verrons naitre en nous bien des pouvoirs de perception que nous ne possédions pas auparavant. Nous nous sentirons devenir plus sensibles aux sons et aux couleurs, sensibles à des harmonies plus belles, plus douces, plus profondes, à des nuances plus tendres, plus claires, plus délicatement charmantes.

Comme les sens, tels que la vue et l'ouïe, le corps lui-même, dans son ensemble, se perfectionne par l'entrainement. Le peintre perçoit des finesses de ton, le musicien, des harmoniques, là où l'oeil ordinaire est aveugle, et sourde l'oreille non entrainée. De même, notre corps peut devenir sensible aux plus subtiles vibrations de la vie, qui échappent totalement au commun des hommes. Il est vrai que bien des impressions pénibles nous viendront aussi, car nous vivons dans un monde avili, dégradé par l'humanité qui l'habite. Mais, d'autre part, des beautés se révèleront à nous, qui nous revaudront au centuple le labeur des obstacles affrontés et franchis. Et, ce labeur, non pas pour posséder de tels corps dans un but égoïste d'orgueil ou de plaisir, mais afin que nous, leurs possesseurs, puissions les employer à des services plus étendus, à de puissants dévouements. Nous aurons des instruments plus effectifs pour hâter le progrès de l'humanité, nous serons plus aptes à venir en aide à la tâche d'activer l'évolution humaine, tâche échue à nos grands Maitres, et à laquelle nous pouvons avoir l'insigne privilège de coopérer.

Jusqu'à présent, dans cette première partie, nous nous sommes bornés à l'étude du seul plan physique. Nous voyons néanmoins que cette étude n'est pas sans importance ; le plus humble véhicule de notre conscience réclame notre attention et saura compenser nos peines. Ces villes où nous vivons, ces contrées que nous habitons seront plus propres, plus belles, meilleures, lorsque cette science sera devenue l'apanage commun, et lorsqu'elle sera non seulement admise comme intellectuellement probable, mais appliquée comme loi de la vie journalière.

LE CORPS ASTRAL

Nous avons passé en revue les éléments visibles et invisibles du corps physique de l'homme; et nous comprenons maintenant que l'Homme, l'être vivant, conscient, "à l'état de veille" dans le monde physique, ne manifeste jamais, de son savoir comme de son pouvoir, que ce qui peut s'exprimer à travers son corps physique. Selon le plus ou moins parfait développement de ce corps, plus ou moins parfaite aussi sera l'expression physique de l'Homme. Tant qu'il fonctionne dans le monde inférieur, son corps est sa limite et forme autour de lui un véritable cercle de défense [6]. Ce qui ne franchit pas ce cercle ne peut se manifester sur terre. D'où l'importance du corps physique pour l'Homme en voie de perfectionnement.

---

6   Le cercle. Qu ne pansy pani ! (Dans mot) exprimant le double objet du "corps" dans un milieu quelconque : manifester l'être en le limitant et le protégeant à la fois. (NDT)

De même, lorsque l'Homme fonctionne, indépendamment de son corps physique, dans cette autre
région de l'Univers constituée par le plan ou monde
astral, il peut, sur ce plan, exprimer de son savoir et de
son pouvoir, de lui-même, en un mot, — ce que son
corps astral lui permet de manifester, et rien de plus.
Chacun des corps de l'homme est pour lui en même
temps un véhicule et une limite. L'Homme est plus
que ses corps : il y a, en lui, bien des choses qu'il ne
peut manifester ni sur le plan physique, ni sur le plan
astral ; mais d'une façon générale, on peut considérer
comme l'Homme lui-même, dans telle ou telle région
déterminée de l'Univers, ce qu'il peut exprimer de son
Être dans cette région. La manifestation de son Être
ici-bas est limitée par son corps physique ; sa manifestation dans le monde astral est limitée par son corps
astral. De même, lorsque nous passerons à l'étude de
plans plus élevés encore, nous verrons qu'une portion
toujours croissante de l'Être humain trouve son moyen
d'expression à mesure que l'Homme lui-même accomplit son évolution, et qu'il amène successivement
à maturité des véhicules de plus en plus parfaits de sa
conscience.

En abordant ces régions comparativement inex-
plorées et inconnues de la plupart des hommes, il nous
parait utile de rappeler au lecteur que nous n'avons

nullement la prétention de nous poser ici en savant infaillible ou en observateur parfait. Les erreurs d'observation et d'interprétation sont tout aussi faciles à commettre sur les plans hyperphysiques que sur le plan physique ; il ne faut jamais perdre de vue cette possibilité. Il est vrai que l'accroissement de la connaissance et l'entrainement prolongé permettront d'atteindre ultérieurement une précision de plus en plus grande et d'éliminer peu à peu de telles erreurs. Mais, en attendant, l'auteur n'est qu'un simple étudiant ; des méprises sont donc possibles, et des corrections peuvent devenir nécessaires dans l'avenir. En tous cas, ces erreurs ne peuvent guère s'insinuer que dans les détails, et n'affecteront ni les principes généraux, ni les conclusions essentielles.

En premier lieu, il nous faut saisir clairement la signification du terme : plan astral, ou monde astral. Le monde astral est une région déterminée de l'Univers, entourant et pénétrant le monde physique, mais échappant à nos moyens ordinaires d'observation, parce qu'elle consiste en substances d'un ordre différent. Prenons l'ultime atome du plan physique, et dissocions-le : il disparait en ce qui concerne le monde physique ; mais nous trouvons qu'il est composé de nombreuses particules de la substance astrale la plus grossière (la matière "solide" du monde astral) [7]. Or, nous avons reconnu, dans la matière physique, les états solide, liquide, gazeux et quatre modes d'éther, soit en tout sept états, où viennent se classer les innombrables combinaisons qui forment le monde physique. De même, nous trouvons sept états de la matière astrale, correspondant aux sept états de la matière physique et embrassant les innombrables combinaisons qui constituent le monde astral. Tous les atomes physiques ont leur enveloppe astrale, la matière astrale formant ainsi ce que nous pourrons appeler la "matrice" de la matière physique, qui s'y trouve sertie.

La substance astrale sert de véhicule à Jîva, la Vie Une qui anime toutes choses ; c'est grâce à elle que les courants de Jîva entourent, entretiennent, nourrissent chaque particule de matière physique et donnent naissance, non seulement à ce qu'on appelle couramment la "force vitale", mais encore à toutes les énergies électriques, magnétiques, chimiques et autres, à l'at-

---

[7]   Le terme : "Astral", étoilé, n'est pas fort heureux ; mais il est employé depuis tant de siècles pour désigner l'état de la matière immédiatement supérieur au plan physique, qu'il serait difficile de le remplacer avantageusement. Il est probable que ce terme fut d'abord choisi, par des observateurs, en raison de l'aspect lumineux de l'Astral comparativement à la matière physique. Pour l'étude de toute cette question, nous renvoyons l'étudiant au "Manuel" n°5 : "Le Plan Astral", par C. W. Leadbeater.

traction, à la cohésion, à la répulsion et toutes forces analogues, différenciations multiples de la Vie Une, au sein de laquelle, comme les poissons dans l'Océan, flottent les Univers. Pénétrant intimement par-là au sein du monde physique, Jîva passe à l'éther de ce dernier monde ; cet éther devient à son tour, comme nous l'avons déjà dit [8], le véhicule qui transfère toutes ces énergies aux degrés inférieurs du plan physique, où nous voyons enfin leur action manifestée.

Supprimons par la pensée le monde physique sans autre modification ; il en subsistera un duplicata exact en substance astrale. Supposons maintenant l'humanité entière nouée de facultés astrales actives : le résultat sera que, pour commencer, hommes et femmes ne se douteront pas du changement survenu dans leur entourage. Les "morts", en s'éveillant dans les régions inférieures du monde astral, se trouvent souvent dans un état semblable et croient vivre encore au sein du monde physique. Il est nécessaire d'insister sur cette réalité relative du monde astral comme partie de l'Univers phénoménal et de voir ce monde avec "l'oeil de l'intelligence", à défaut de la vision astrale que la plupart d'entre nous n'ont point encore acquise. Ce

---

8   La force vitale universelle (*Jîva*), ainsi différenciée, est généralement désignée sous le nom de *Prâna*. (NDT)

monde astral est tout aussi réel que le monde physique; — plus réel, même, puisque moins éloigné, d'un
degré, de la Réalité Une, ses phénomènes sont acces-
sibles à l'observateur compétent, au même titre que
ceux du plan physique. De même qu'ici-bas l'aveugle
est incapable de voir les objets physiques, et que bien
des choses ne sont observables qu'à l'aide d'appareils
(microscope, spectroscope, etc.); de même, dans le
plan astral, l'individu astralement aveugle ne voit absolument rien, et bien des choses échappent à la vision
astrale ordinaire, ou clairvoyante. Mais, au point où
en est actuellement l'évolution, un grand nombre de
personnes peuvent développer leurs sens astraux et les
développent effectivement dans une certaine mesure,
devenant par-là capables de percevoir les vibrations
plus subtiles du plan astral. De telles personnes sont
évidemment exposées à faire de nombreuses erreurs,
comme l'enfant qui commence à se servir de ses sens
physiques; mais un surcroit d'expérience vient corriger
ces erreurs, et, après quelque temps, elles peuvent voir
et entendre dans l'astral avec autant de netteté que sur
le plan physique. Il n'est pas bon de forcer ce développement par des moyens artificiels, car, tant qu'un certain degré d'énergie spirituelle n'a pas été développé
en l'Homme, il a déjà assez de mal à se tirer d'affaire
sur le seul plan physique, et l'entrée en scène des vi-

sions, des sons et des phénomènes généraux du plan astral, serait apte à le troubler, à l'alarmer même. Mais un temps vient enfin où ce degré est atteint et où la conscience graduellement éveillée de l'Homme voit se manifester, dans toute sa réalité relative, la partie astrale du monde invisible.

Il est nécessaire pour cela, non pas seulement d'avoir un corps astral, condition que nous remplissons tous, mais de l'avoir pleinement organisé et en état de fonctionner librement ; il faut que notre conscience soit habituée à agir *dans* ce corps astral, et non plus seulement *par lui* sur le corps physique. Sans le corps astral comme intermédiaire général de l'activité, il n'y aurait aucun lien entre le monde extérieur et l'intelligence de l'homme, aucun lien entre les impressions reçues par les sens physiques et leur perception par l'intellect. C'est dans le corps astral que l'impression se transforme en sensation, pour être ensuite perçue par le mental. De même que le corps physique, qui peut être appelé l'Homme physique, le corps astral, où sont les centres de sensation, est souvent désigné sous le nom d'Homme astral ; mais il n'est évidemment qu'un véhicule — un étui, comme disent les Védantins — dans lequel l'Homme fonctionne, et grâce auquel il transmet son action au véhicule plus grossier, ou corps physique, et en perçoit les impressions.

Quant à sa constitution, le corps astral se compose des sept états de la matière astrale ; il peut donc englober des matériaux plus ou moins subtils, empruntés à chacune de ces subdivisions, ou à chacun de ces états. Il est facile de se faire une idée de l'Homme dans un corps astral bien développé ; on peut se le représenter dépouillant son corps physique et se dressant en une image plus subtile, plus lumineuse de ce corps, visible et reconnaissable à la vision clairvoyante, bien qu'invisible à l'oeil ordinaire. J'ai dit : "un corps astral bien développé", car l'individu peu évolué présente en son corps astral un aspect fort incohérent. Les contours en sont vagues, les matériaux inertes et mal agencés, et une fois séparé du corps physique, il ne forme qu'un nuage changeant et amorphe, évidemment impropre à servir de véhicule indépendant. C'est là, en vérité, un simple fragment de substance astrale, plutôt qu'un corps organisé ; c'est une masse protoplasmique astrale, d'aspect amiboïde. Un corps astral bien formé implique chez l'Homme un niveau passablement élevé de culture intellectuelle, ou de croissance spirituelle. Ainsi, l'aspect du corps astral indique le progrès réalisé par l'individu : d'après la netteté de son contour, la luminosité de sa substance et la perfection de son organisation, on peut estimer le degré d'évolution de l'Ego qui s'en sert.

Passons à la question du perfectionnement, question qui nous intéresse tous. Rappelons-nous que le perfectionnement du corps astral se base, d'une part, sur la purification du corps physique et, de l'autre, sur la purification et le développement du mental. Le corps astral est particulièrement sensible aux impressions mentales, car la substance astrale répond beaucoup plus rapidement que la matière physique à toute impulsion venue du monde de la pensée. Ainsi, lorsque nous considérons le monde astral, nous le trouvons plein de formes continuellement changeantes ; nous y voyons les "formes-pensées", — formes composées d'essence élémentale et animées par une pensée ; — nous y remarquons aussi d'immenses amas de cette essence élémentale, d'où surgissent à tout instant des formes qui disparaissent aussitôt, refondues dans la masse. En l'observant avec soin, nous verrons cette matière astrale continuellement brassée par les courants d'énergie mentale ; les pensées fortes s'en forment une enveloppe et persistent longtemps ; entités véritables, tandis que les pensées faibles revêtent à peine une forme diffuse, pour s'évanouir l'instant d'après. Ce ne sont donc, à travers tout le monde astral, que changements incessants sous l'impulsion des pensées ; et le corps astral de l'Homme, composé de substance astrale, participe à cette sensibilité et vibre en réponse

à toute idée qui le frappe, qu'elle soit reçue de l'extérieur, des autres hommes, ou venue de l'intérieur par le
mental individuel.

Voyons comment se comporte le corps astral sous
l'action de ce double courant d'impulsions intérieures
et extérieures. Nous le voyons, pénétrant le corps physique et s'étendant en tous sens autour de lui, comme
un nuage coloré. Ses couleurs varient selon la nature de
l'Homme, selon sa nature inférieure, animale, passionnelle ; et la portion extérieure au corps physique prend
le nom d'aura Kâmique, comme appartenant à Kâma,
le corps du désir, communément appelé le corps astral
de l'Homme [9]. Car le corps astral est le véhicule de la
conscience Kâmique de l'Homme, le siège de toutes
ses passions animales, de tous ses désirs : c'est le centre
des sens, comme nous l'avons déjà dit, où toute sensation prend naissance. Vibrant au contact des pensées,
ses couleurs varient sans cesse ; si l'Homme s'irrite, des

---

9   En séparant ainsi "l'aura" de l'Homme proprement dit comme
une chose distincte de lui, on risque d'induire en erreur, bien que le
procédé soit tout naturel au point de vue de l'observation. "L'aura",
c'est, en langage ordinaire, le nuage qui entoure le corps. Mais en réalité,
l'Homme vit sur les divers plans successifs de l'Univers, vêtu selon chacun
d'eux, et tous ces vêtements, ces corps, se pénètrent mutuellement. Le
dernier, et le moindre de tous, reçoit le nom de "corps", et la substance
mélangée des autres est nommée "aura" lorsqu'elle s'étend au-delà du
corps. L'aura Kâmique est donc cette portion du corps Kâmique qui
déborde sur le corps physique.

éclairs écarlates le sillonnent ; s'il aime, des frissons ro-
ses l'irradient.

Quand les pensées de l'Homme sont élevées et nobles, il faut, pour y répondre, une substance astrale plus
subtile ; l'action de telles pensées sur le corps astral se
manifeste donc par l'élimination des particules grossières et denses de chacun des sous-plans [10] et l'attirance
des éléments plus délicats. Chez l'homme aux pensées
vulgaires et bestiales, le corps astral est grossier, épais,
dense et de couleur sombre ; si dense, parfois, que le
contour du corps physique s'y distingue à peine. Mais,
chez l'homme avancé, il est subtil, clair, lumineux ; halo
aux tons brillants, il forme un objet vraiment admirable à contempler. Dans ce cas, les passions inférieures
ont été dominées et l'action sélective du mental a af-
finé la substance astrale. En pensant noblement, nous
purifions donc notre corps astral, sans qu'il nous soit
nécessaire d'y travailler consciemment. Et rappelons-
nous que cette opération interne exerce une influence
puissante sur les formes-pensées extérieures qu'attire
à lui le corps astral. Habitué à répondre aux pensées
mauvaises, il agit comme un aimant sur les pensées
mauvaises qui se trouvent dans l'ambiance, tandis

---

10   Traduction littérale de "sub plans". Le terme est commode pour
désigner les sept subdivisions du plan astral, ou les sept états de la
matière astrale. (NDT)

qu'un corps astral pur agit sur ces mêmes pensées en mode de répulsion et attire par contre à lui les formes-pensées de nature analogue à la sienne.

D'autre part, comme nous l'avons dit plus haut, le corps astral s'appuie en bas sur le corps physique et est affecté par la pureté ou l'impureté de ce dernier. Nous avons vu que les solides, les liquides, les gaz et les éthers, dont se compose le corps physique, peuvent être bruts ou raffinés, grossiers ou subtils. Leur nature affectera à son tour la nature des enveloppes astrales correspondantes. Si par notre ignorance, insouciants du physique, nous édifions en notre corps grossier des particules solides impures, nous attirons à nous l'élément impur correspondant de ce que nous appellerons l'astral "solide". En nous alimentant, par contre, de particules solides plus pures, plus pur aussi est l'élément "solide" astral correspondant que nous attirons.

Si donc nous procédons à la purification de notre corps physique par un régime pur, excluant les aliments et les boissons capables de le souiller, — sang animal, alcool et autres substances viles et dégradantes, — non seulement nous perfectionnons le véhicule physique de notre conscience, mais nous commençons aussi à purifier notre véhicule astral; car nous empruntons pour sa construction au monde astral des matériaux plus subtils et plus délicats. Et les effets de cette opération, loin d'être limités à notre vie terrestre actuelle, influent nettement aussi, comme nous le verrons plus tard, sur notre état prochain au lendemain de la mort, sur notre séjour dans le monde astral et, enfin, sur le genre de corps que nous possèderons dans notre prochaine existence terrestre.

Et ce n'est pas tout : les aliments les plus impurs attirent au corps astral des entités malfaisantes appartenant au monde astral, car nous n'avons pas seulement affaire à la substance astrale, mais aussi à ce qu'on appelle les élémentals de cette région. Ce sont des entités de natures très diverses, existant sur ce plan et généralement engendrées par les pensées des hommes. On trouve en outre, dans le monde astral, des individus dépravés, emprisonnés dans leur corps astral, et connus sous le nom d'élémentaires. Les élémentals sont attirés, par affinité naturelle, auprès des gens dont le corps astral contient des matériaux de même nature, tandis que les élémentaires s'attachent à ceux qui s'adonnent aux vices qu'eux-mêmes ont cultivés pendant leur vie terrestre. Toute personne douée de vue astrale, passant dans les rues de Londres, peut voir des hordes d'élémentals répugnants se presser autour des boucheries ; tandis que dans les brasseries et les bars s'assemblent surtout les élémentaires, qui font leur régal des malsaines émanations des liqueurs et s'insinuent, quand cela leur est possible, dans le corps même des buveurs. Tels sont les êtres qu'attirent ceux qui édifient leur corps avec de tels matériaux, et l'ambiance de ces malheureux, ainsi constituée, fait partie intégrante de leur vie astrale. La même opération s'accomplit sur tous les niveaux du plan astral ; à mesure que nous purifions notre corps physique, nous attirons à nous la substance astrale plus pure qui lui correspond.

Or il est évident que les possibilités du corps astral dépendent largement de la nature des matériaux que nous employons à le construire. À mesure que, par le procédé de purification, nous rendons ce corps plus subtil, il cesse de vibrer en réponse aux impulsions inférieures et commence à répondre aux influences plus élevées du monde astral. Nous nous fabriquons ainsi un instrument qui, tout en restant sensible, de par sa nature même, aux influences qui lui viennent du dehors, perd graduellement l'habitude de répondre aux vibrations inférieures et acquiert le pouvoir de répondre aux vibrations supérieures ; un instrument accordé pour ne vibrer qu'en réponse aux plus hautes notes. De même que, pour choisir un fil de fer destiné à vibrer en sympathie avec une note donnée, nous déterminons à cet effet son diamètre, sa longueur et sa tension, de même, nous pouvons accorder notre corps astral de telle sorte ; qu'il vibre sympathiquement lorsque de nobles harmonies résonnent dans le monde qui nous entoure. Et ce n'est pas là un sujet de spéculation ou de simple théorie : c'est une question de fait scientifique. Tout comme le fil de fer, le corps astral peut être accordé, et la loi de cause et d'effet est applicable dans l'un et l'autre cas ; nous faisons appel à la loi, c'est en elle que nous nous réfugions, c'est sur elle que nous nous basons. Tout ce qui nous manque, c'est la connaissance et la volonté nécessaire pour la mettre en pratique. Cette connaissance, vous pouvez, si vous le voulez, l'accepter comme simple hypothèse concordante avec les faits à vous connus, du monde inférieur, pour l'expérimenter ensuite comme telle. Plus tard, à mesure que vous purifierez votre corps astral, l'hypothèse se transformera pour vous en fait de connaissance. Vous y trouverez un sujet d'observation directe, vous permettant de vérifier toutes les théories d'abord acceptées comme simples hypothèses provisoires.

La possibilité pour nous de connaitre à fond le monde astral et d'y rendre de réels services dépend donc, en premier lieu, de ce processus de purification. Il y a, en outre, des méthodes particulières de Yoga, méthodes grâce auxquelles le développement des sens astraux peut être activé d'une façon rationnelle et saine ; mais il est absolument inutile de chercher à les enseigner à quiconque n'a pas déjà fait emploi des moyens de purification, préparatoires et simples, dont il est ici parlé. On trouve à tout moment des gens avides d'essayer quelque système de progrès, nouveau ou inusité. Mais il est oiseux de leur enseigner le Yoga, alors qu'ils ne veulent pas même introduire dans la routine de leur vie les phases préliminaires de l'entrainement. Supposez qu'on se mette à enseigner quelque forme simple de Yoga à un homme ordinaire, non préparé : il s'y lancera avidement et avec enthousiasme, parce que cela est nouveau, étrange, et qu'il en attend de prompts résultats. Mais, avant d'y avoir travaillé même une année, il se fatiguera de cette tension régulière, introduite dans sa vie quotidienne, et sera découragé par l'absence d'effet immédiat. N'ayant pas l'habitude d'un effort persistant longuement soutenu, chaque jour répété, il succombera et renoncera à toute pratique. L'attrait de la nouveauté usé, la fatigue s'affirme vite. Si donc l'homme ne peut pas ou ne veut pas s'acquitter du devoir simple, et comparativement facile, de purifier son corps physique et son corps astral ; si le sacrifice momentané, nécessaire pour briser le lien des mauvaises habitudes du manger et du boire, est pour lui chose impossible, à quoi bon chercher des procédés plus difficiles, qui attirent en raison de leur nouveauté, mais ne tarderont pas à être abandonnés comme un insupportable fardeau. Les méthodes spéciales, il est

passent peuvent bien affecter les centres de sensations contenus dans ce corps astral, et l'homme peut être influencé par les excitations qui font appel à sa nature inférieure. Mais, en somme, l'effet produit sur l'observateur est tout entier de sommeil et de vague, le corps astral n'ayant aucune activité précise et flottant paresseusement, sans consistance, au-dessus de la forme physique endormie. Dès qu'une circonstance quelconque tend à l'éloigner de son compagnon physique, ce dernier se réveille, et l'astral y rentre aussitôt.

Au contraire, si l'individu que nous observons est beaucoup plus développé, s'il est capable de fonctionner activement dans le monde astral, utilisant pour cela son corps astral, alors le spectacle change. Lorsque l'astral se dégage du corps physique endormi, c'est l'Homme lui-même que nous avons devant nous, pleinement conscient. Sa forme nettement délimitée, parfaitement organisée, est l'image exacte de l'individu, qui trouve en elle un véhicule bien autrement pratique que son corps physique. L'Homme s'y sent pleinement éveillé, et il travaille avec bien plus d'activité, de précision, avec une plus grande puissance de compréhension que dans la prison plus lourde du corps physique. Il peut se mouvoir librement et se porter avec une incroyable rapidité à n'importe quelle distance, sans le moindre inconvénient pour son corps paisiblement endormi sur le lit.

Si un tel individu n'a pas encore appris à former le lien entre son véhicule physique et son véhicule astral, s'il se produit une discontinuité dans la série de ses états conscients lorsque, au moment du sommeil, son corps astral s'échappe, alors l'Homme, bien que pleinement éveillé et conscient sur le plan astral, sera incapable, au retour, de transmettre à son cerveau physique la connaissance de ce qu'il a fait depuis son départ. Dans ces conditions, la conscience "à l'état de veille" (nom qui désigne habituellement notre mode de conscience le plus limité) ne participera point aux expériences acquises par l'Homme dans le monde astral, et cela, non parce que *lui* ne les connait pas, mais parce que son organisme physique est trop épais pour recevoir de lui ces impressions. Parfois, lorsque le corps physique s'éveille, il subsiste un vague sentiment de quelque chose de vécu, dont nul souvenir précis ne reste, et cependant, ce seul sentiment indique suffisamment qu'il y a quelque activité de la conscience dans le monde astral, en dehors du corps physique, bien que le cerveau ne soit pas suffisamment réceptif pour conserver même un souvenir "évanouissant" de ce qui s'est passé.

D'autres fois, lorsque l'astral revient au corps physique, l'Homme réussit à produire une impression momentanée sur le double éthérique et sur le corps grossier, et, lorsque ceux-ci s'éveillent, il y a un souvenir net d'une expérience acquise dans le monde astral. Mais ce souvenir s'efface immédiatement et ne veut absolument plus se laisser rappeler; chaque tentative ne sert qu'à éloigner le succès, car l'effort produit des vibrations intenses dans le cerveau physique et masque de plus en plus les subtiles vibrations de l'astral.

Ou bien encore, l'Homme peut réussir à transmettre à son cerveau physique de nouvelles connaissances, sans pouvoir lui indiquer où ni comment elles ont été acquises. Dans ce cas, des idées sembleront éclore, spontanément engendrées, dans la conscience à l'état de veille; la solution de problèmes, incompris jusqu'alors, se présentera, et l'on verra s'éclairer soudain des questions primitivement obscures. Ce fait, lorsqu'il se produit, est un symptôme de progrès des plus encourageants, car il montre que le corps astral est bien organisé et fonctionne activement dans le monde astral, bien que le corps n'ait encore qu'une réceptivité toute partielle.

Quelquefois, enfin, l'Homme réussit à faire vibrer son cerveau physique à l'unisson, et nous avons alors ce que nous considérons comme un rêve très lucide, raisonnable et cohérent, le genre de rêve dont jouissent occasionnellement la plupart des gens qui pensent, rêve où ils se sentent plus vivants, et non pas moins, qu'à l'état de veille, et où il leur est même parfois donné d'acquérir des connaissances qui leur viennent en aide dans leur vie physique. Ce sont là des degrés du progrès humain, indiquant l'évolution et l'organisation de plus en plus parfaite du corps astral.

Mais d'un autre côté, il est nécessaire de comprendre que des individus qui accomplissent, en spiritualité, de grands et rapides progrès, peuvent fonctionner très activement, et utilement, dans le monde astral, sans transmettre au cerveau, à leur retour, le moindre souvenir du travail auquel ils se sont livrés. En attendant, leur conscience inférieure s'ouvre à une illumination toujours croissante et à une plus large compréhension de la vérité spirituelle.

Quoi qu'il en soit, un fait subsiste, fait qui peut servir d'encouragement à tous les étudiants, et sur lequel ils peuvent établir leur entière confiance, — quand bien même leur mémoire physique serait absolument vierge de toute expérience hyperphysique. — C'est qu'à mesure que nous apprenons à travailler de plus en plus pour autrui ; à mesure que nous cherchons à nous rendre de plus en plus utiles au monde ; à mesure que croît et s'affermit notre dévotion envers les Frères Ainés de l'humanité, et que nous cherchons, avec une sincérité toujours croissante, à accomplir notre petite part de Leur grande tâche, nous développons inévitablement notre corps astral et ce pouvoir d'y fonctionner, qui fait de nous des serviteurs plus utiles. Que nous en conservions, ou non, le souvenir physique, nous quittons, dans le sommeil profond, notre prison matérielle, pour nous consacrer, dans le monde astral, à quelque application utile de notre activité, secourant des frères que sans cela nous ne pourrions atteindre, leur portant aide et encouragement en quelque manière impossible à réaliser autrement.

Cette évolution se continue sans interruption chez les hommes au coeur pur, à la pensée élevée, à la volonté affermie dans le désir du Service. Ils peuvent travailler pendant bien des années dans le monde astral, sans en ramener le souvenir dans leur conscience inférieure, mettant en oeuvre, pour le bien de l'Univers, des puissances largement supérieures à tout ce dont eux-mêmes peuvent se supposer capables. Ceux-là, au jour où Karma le permettra, verront se dévoiler en eux cette conscience pleine et ininterrompue qui franchit librement le passage du monde physique au monde astral ; alors sera construit le pont qui permet à la mémoire de passer sans effort de l'une à l'autre rive, en sorte que l'Homme, revenant de son travail dans le monde astral, puisse se revêtir à nouveau de son vêtement physique sans perdre conscience un seul instant.

Telle est la certitude promise à quiconque choisit le Sentier du Service. Un jour viendra où cette conscience ininterrompue lui sera donnée en partage ; et alors, sa vie ne se composera plus de journées de travail dont il se souvient, séparées par des nuits d'oubli : elle formera un tout continu, où le corps physique est mis de côté, périodiquement, pour prendre le repos dont il a besoin, tandis que l'Homme lui-même emploie son corps astral pour oeuvrer dans le monde astral. Alors sera conservée, sans rupture, la chaine de sa pensée ; connaissant le moment où il quitte son corps physique, conscient dans l'acte d'en sortir, conscient de sa vie séparée dans l'astral comme de l'instant où il revient pour revêtir à nouveau son corps physique, à travers les semaines et les ans, l'Homme se maintiendra en cette conscience ininterrompue infatigable, qui lui donne l'absolue certitude de l'existence du Soi individuel, l'absolue certitude du fait, que son corps n'est qu'un vêtement qu'il porte, qu'il revêt et dépouille à volonté, et non pas un instrument nécessaire à sa pensée et à sa vie. Il saura que, loin d'être nécessaire à l'une ou à l'autre, le corps physique dépouillé laisse la vie bien plus active, la pensée infiniment plus libre.

Arrivé là, l'Homme commence à comprendre l'Univers, et sa propre vie dans l'Univers, bien mieux qu'auparavant ; il commence à se rendre compte, plus pleinement, de l'avenir qui lui est réservé et des potentialités de l'Humanité supérieure. Graduellement il conçoit qu'après avoir acquis d'abord la conscience physique, puis la conscience astrale, il verra s'ouvrir devant lui d'autres états de conscience plus élevés encore, états qu'il pourra conquérir successivement, comme les précédents, s'éveillant à l'activité sur des plans de plus en plus sublimes, parcourant de plus vastes mondes, exerçant des pouvoirs plus étendus ; et cela, toujours comme un serviteur des Êtres Saints [12], pour l'assistance et le bien de l'Humanité. Dès lors, l'Homme commence à estimer à sa valeur réelle la vie physique, et rien de ce qui arrive dans le monde physique ne peut l'affecter comme au temps où cette vie, nouvelle, plus pleine, plus riche, lui était inconnue ; rien de ce que la mort peut accomplir en lui-même ou en ceux qu'il veut assister, n'est désormais capable de le troubler. La vie terrestre reprend pour lui sa place véritable, comme n'étant que la moindre portion de l'activité humaine, et jamais plus elle ne peut lui sembler aussi sombre qu'autrefois, car la lumière des régions supérieures vient l'éclairer en ses plus obscurs replis.

Quittons maintenant l'étude des fonctions et des possibilités du corps astral, pour nous occuper de certains phénomènes qui s'y rattachent. Le corps astral,

---

12   "*The Holy Ones*", les Maitres qui président à l'évolution humaine. (NDT)

séparé du corps physique, peut se montrer à d'autres personnes pendant ou après la vie terrestre. L'individu qui a atteint la complète maitrise du corps astral peut évidemment quitter son enveloppe physique quand il lui plaît et se rendre auprès d'un ami éloigné. Si ce dernier est clairvoyant, c'est-à-dire a développé la vision astrale, il verra le corps astral de son ami ; sans quoi, le visiteur peut rendre son véhicule un peu plus dense, en y attirant, de l'atmosphère ambiante, des particules de matière physique ; il se "matérialise" suffisamment, par-là, pour être perceptible à la vue physique. Telle est l'explication d'un grand nombre d'apparitions d'amis éloignés, phénomènes beaucoup plus communs qu'on ne le croit généralement ; leur rareté apparente est due à la timidité des gens qui craignent d'être ridiculisés à cause de leur "superstition". Cette crainte diminue, heureusement, et, si les gens voulaient avoir assez de courage et de sens commun pour dire ce qu'ils savent être vrai, nous aurions rapidement une masse imposante de témoignages relatifs à l'apparition de personnes dont le corps physique est bien loin du lieu où leur corps astral se montre.

En certaines circonstances, et sans que la matérialisation soit nécessaire, ce corps astral peut être vu par des individus qui, à l'état normal, ne possèdent pas le don de vision astrale. Si le système nerveux d'une personne est en hypertension, et qu'en même temps sa santé physique soit affaiblie, l'influx vital se trouvant diminué, l'activité nerveuse, qui dépend si largement du double éthérique, pourra être indument stimulée, provoquant une clairvoyance momentanée. Une mère, par exemple, sachant son fils dangereusement malade en un pays étranger, le coeur rongé d'inquiétude à son sujet, peut ainsi devenir sensible aux vibrations astrales, surtout aux heures nocturnes où la vitalité atteint son niveau le plus bas. Dans ces conditions, si son fils pense à elle, et qu'il soit endormi, c'est-à-dire que son corps physique inconscient lui permette de visiter astralement sa mère, elle le verra probablement. Mais le plus souvent, ces visites astrales se produisent à la mort, lorsque l'Homme vient de rejeter son vêtement physique. Ces apparitions sont loin d'être une rareté, surtout lorsque le mourant a un violent désir d'atteindre une personne à laquelle une étroite affection le lie, ou lorsqu'il tient à communiquer quelque information spéciale, et qu'il meurt sans avoir pu réaliser son désir.

Si nous suivons le corps astral après la mort, — alors que l'Homme s'est dépouillé également du corps physique et du double éthérique, — nous verrons un changement se produire dans son aspect. Tant que dure son union avec le corps physique, les différents états de la substance astrale forment en lui un mélange intime, où s'entremêlent et se pénètrent les variétés plus denses et celles plus subtiles. Mais après la mort, une nouvelle disposition se manifeste ; les particules appartenant aux différents états se séparent et se classent, en quelque sorte, par ordre de densité. Le corps astral prend ainsi l'aspect d'une stratification, ou plutôt d'une série d'écorces concentriques, dont la plus dense est à l'extérieur. Ceci fait ressortir une fois de plus l'importance de la purification du corps astral pendant notre vie terrestre. Nous voyons en effet qu'après la mort, il ne peut plus parcourir à volonté le monde astral : ce monde comporte sept sous-plans, et l'Homme reste emprisonné dans celui auquel appartient la matière de son écorce extérieure. Lorsque cette enveloppe externe se désagrège, il monte dans le sous-plan suivant et ainsi de suite. Un homme aux tendances viles et animales aura dans son corps astral une forte proportion de la variété de substance astrale la plus grossière et la plus dense. Ceci servira à la maintenir dans la plus basse région du Kâmaloka ; jusqu'à ce que cette écorce soit désagrégée en grande partie, l'homme doit rester captif dans cette section du monde astral et subir les désagréments de ce lugubre séjour. Lorsque cette enveloppe externe est suffisamment désagrégée pour permettre l'évasion, l'homme passe à l'étage suivant du monde astral, ou peut-être serait-il plus exact de dire qu'il devient susceptible d'entrer en contact avec les vibrations de la subdivision suivante de l'astral, ce qui lui donne l'impression du passage à une région différente. Il y reste jusqu'à ce que l'écorce appartenant au sixième sous-plan soit à son tour usée et lui permette de passer au cinquième.

La durée de son séjour dans chaque sous-plan dépend de la force des éléments correspondants de sa nature, force représentée, dans le corps astral, par la quantité de matière appartenant à ce sous-plan. Plus la proportion des éléments grossiers est considérable, plus long est le séjour sur les niveaux inférieurs du Kâmaloka. Par suite, mieux nous réussirons à nous défaire de ces éléments ici-bas, plus bref sera pour nous le délai au-delà de la mort. Lors même que les matériaux plus grossiers ne sont pas complètement éliminés (car leur entière éradication est chose longue et difficile), notre conscience peut, pendant la vie terrestre, se détourner des passions inférieures avec une telle persistance que la matière capable de servir à l'expression de ces passions ne puisse plus fonctionner activement après la mort, comme véhicule de la conscience, cet élément du corps astral est atrophié, dirons-nous, en termes d'analogie physique. En ce cas, l'Homme, bien que retenu pendant une brève période sur les niveaux inférieurs, y dormira paisible, nullement conscient de leurs désagréments. Sa conscience, qui ne cherche plus son expression à travers cet ordre de matière, ne s'y extériorisera pas pour entrer en contact avec les objets du monde astral qui en sont composés.

Le passage au travers du Kâmaloka est rapide, en vérité, pour celui qui a purifié son corps astral au point de ne retenir en lui que les éléments les plus purs et les plus subtils de chaque sous-plan (éléments tels, qu'ils passeraient au sous-plan immédiatement supérieur s'ils progressaient d'un degré). Entre deux états consécutifs de la matière, il y a ce qu'on appelle un point critique. La glace peut être amenée à un point où le moindre accroissement de température la transforme en liquide ; l'eau peut être amenée à un point où une nouvelle augmentation de chaleur la transforme en vapeur. De même la matière astrale, en chacun de ses états, peut être amenée à un degré de subtilité tel, que toute purification additionnelle la fasse passer à l'état suivant. Si cela a été réalisé pour la matière de tous les sous-plans entrant dans la composition du corps astral ; si elle a été purifiée jusqu'à atteindre le plus haut degré de subtilité possible, alors le passage en Kâmaloka sera d'une inconcevable rapidité, et l'Homme, rompant ses liens, passera rapide comme l'éclair dans son essor vers les régions plus hautes.

À propos de la purification du corps astral, tant par les moyens physiques que par les procédés mentaux, il nous reste encore une question à traiter, à savoir : de l'influence de cette purification sur le nouveau corps astral qui sera formé, à son heure, pour être l'instrument de l'Homme dans sa prochaine incarnation. Lorsque l'Homme quitte le Kâmaloka pour entrer en Dévachan, il ne peut y transporter avec lui des formes-pensées mauvaises. La matière astrale ne peut pas exister sur le plan dévachanique (ou mental), et la substance dévachanique est incapable de répondre aux vibrations grossières des passions et des désirs mauvais. En conséquence, lorsque l'Homme se débarrasse définitivement des restes de son corps astral, il ne peut emporter avec lui que des germes latents, ou *tendances*, susceptibles, lorsqu'elles seront nourries, c'est-à-dire lorsqu'elles trouveront un terrain favorable à leur développement, de se manifester, dans le monde astral, comme passions ou désirs mauvais. Mais, ces germes, l'Homme les emporte réellement avec lui, et ils subsistent à l'état latent à travers toute sa vie dévachanique. Lorsqu'il revient enfin, prêt à renaître, il les rapporte, intacts, et les projette extérieurement. Ils attirent à eux, du monde astral, par une sorte d'affinité magnétique, les matériaux propres à leur manifestation ; ils se revêtent de matière astrale homologue à leur propre nature et forment partie intégrante du corps astral de l'Homme pour l'incarnation qui se prépare. Ainsi, non seulement nous vivons actuellement dans un corps astral, mais nous façonnons le type du corps astral qui sera nôtre dans une vie future. Raison de plus pour purifier autant que possible notre corps astral actuel et pour utiliser notre connaissance présente afin de préparer notre progrès futur.

Car toutes nos vies sont liées ensemble, et aucune d'entre elles ne peut être isolée de celles qui précèdent et de celles qui vont suivre. En vérité, nous ne vivons qu'une seule existence, où ce que nous appelons une vie n'est réellement qu'un jour. Jamais une vie nouvelle à son début n'est semblable à une feuille blanche, prête à l'inscription d'une histoire entièrement neuve ; nous ne pouvons que commencer chaque fois un nouveau chapitre qui doit, bon gré mal gré, faire suite à l'intrigue en cours. Nous défaire, en passant par la mort, des responsabilités Karmiques d'une vie antérieure, cela est aussi impossible que de régler nos dettes par une nuit de sommeil. Si nous contractons une dette aujourd'hui, nous n'en sommes pas quittes demain : la créance nous reviendra jusqu'à ce qu'elle soit acquittée. L'existence de l'homme est chose continue, ininterrompue ; ses vies terrestres sont liées entre elles, et non isolées. Les processus de purification et de développement sont continus, eux aussi, et doivent s'étendre à travers bien des vies successives. Tôt ou tard, chacun deviendra las des sensations de la nature inférieure, las d'être soumis à l'animal, las de la tyrannie des sens. Alors, l'Homme ne consentira plus à l'assujettissement; il se décidera à rompre les liens de sa captivité. Pourquoi donc prolonger notre servitude, alors que nous sommes libres, à tout moment, de la rejeter? Aucune main, sauf la nôtre, ne peut nous lier; aucune main, sauf la nôtre, ne peut nous délivrer. Nous avons notre libre arbitre, et du moment que nous devons tous, un jour, être réunis dans un monde plus élevé, pourquoi ne pas commencer de suite à rompre nos liens, pourquoi tarder à réclamer notre divin droit d'ainesse? L'Homme commence à briser ses entraves, à gagner sa liberté, lorsqu'il se détermine à mettre sa nature inférieure au service de sa nature supérieure; lorsqu'il se décide à entreprendre ici-bas, sur le plan de la conscience physique, l'édification de ses corps plus subtils; lorsqu'il cherche, en un mot, à réaliser les sublimes possibilités qui lui appartiennent de droit divin et ne sont qu'obscurcies par l'animal en lequel il vit

LES CORPS MENTAUX

Nous nous sommes étendus assez longuement sur le corps physique de l'Homme et sur son corps astral. Le corps physique, tant visible qu'invisible, nous l'avons étudié dans ses rapports avec le plan physique; nous l'avons suivi dans ses divers modes d'activité, nous avons analysé la nature de sa croissance; enfin nous avons insisté sur sa purification graduelle. Puis, nous avons considéré d'une manière analogue le corps astral, observant également sa croissance et ses fonctions, traitant des phénomènes relatifs à sa manifestation sur le plan astral, ainsi que de sa purification. Par là nous sommes parvenus à comprendre plus ou moins quelles sont les fonctions de l'activité humaine sur deux des sept plans fondamentaux de notre Univers. Cela fait, nous pouvons passer au troisième de ces plans, au monde mental. Lorsque nous cerons parvenus à nous en faire quelque idée, nous aurons sous les yeux une triple région, comprenant les mondes physique, astral et mental (c'est-à-dire notre globe et les deux sphères qui l'entourent), théâtre de l'activité humaine pendant les incarnations terrestres, demeure de l'Homme entre la mort qui clôt une vie et la naissance qui en ouvre une autre. Ces trois sphères concentriques forment l'école de l'Homme et son royaume : c'est en elles qu'il opère son développement, en elles qu'il accomplit le pèlerinage de son évolution. Il ne peut passer consciemment au-delà, jusqu'au moment où s'ouvrent devant lui les portes de l'Initiation ; car il n'est point d'autre chemin conduisant hors des trois mondes.

Le séjour heureux ou béni dont parlent certaines traductions, la demeure des Dieux, en d'autres termes, le Dévachan ou Dévaloka bien connu des théosophes, est compris dans cette troisième région, que j'ai nommée monde mental, mais ne se confond pas avec elle. Le Dévachan mérite son nom de "pays heureux", à cause de sa nature même et de sa condition, car rien de ce qui engendre la peine ou la tristesse ne peut affecter ce monde-là. C'est un *État* spécialement protégé, où le mal positif ne peut avoir accès ; c'est pour l'Homme le lieu du repos et de la félicité, où il assimile paisiblement les fruits de sa vie physique.

Afin d'éviter toute confusion, nous croyons devoir ajouter un mot d'explication au sujet du monde mental considéré dans son ensemble. Il se subdivise en sept sous-plans, comme les autres régions déjà vues : mais il présente cette particularité, qu'ici le septénaire est divisé en deux groupes distincts : un ternaire et un quaternaire. Les trois "sous-plans" supérieurs sont appelés, en langage technique, *arûpa* [13], ou "sans forme", à cause de leur extrême subtilité, tandis que les quatre inférieurs portent le nom de *rûpa*, ou "avec forme". La conscience de l'Homme possède donc deux véhicules, dans lesquels elle fonctionne sur ce plan, et le terme "corps mental" leur est théoriquement applicable à tous deux. Nous conviendrons cependant de le réserver exclusivement au véhicule inférieur, car le supérieur est plus connu sous le nom de "*corps causal*", dénomination dont la raison d'être nous apparaitra clairement par la suite. Les étudiants en théosophie doivent être familiarisés avec la division en "*Manas*" supérieur et inférieur ; le corps causal est celui du Manas supérieur, le corps permanent de l'Égo, ou de l'Homme, qui perdure d'une vie à l'autre. Le corps mental sera pour nous celui du Manas inférieur, qui survit à la mort, et passe en Dévachan, mais se désagrège au terme du séjour de l'être dans la zone "*rûpa*" de cette région.

---

13   Prononcer : *aroupa*.

A. Le Corps Mental

Ce véhicule de la conscience humaine est constitué par la substance des quatre sous-plans inférieurs du Dévachan, auxquels il appartient. Son rôle est double : d'une part, il constitue le véhicule spécial de notre conscience dans cette région du plan mental ; de l'autre, il agit sur notre corps astral et, par lui, sur nos enveloppes physiques, pour produire tout ce que nous appelons les manifestations de l'intelligence à l'état normal de veille. En fait, chez l'homme peu développé, tant que dure la vie terrestre, ce corps est incapable de fonctionner séparément sur son propre plan, comme véhicule de la conscience. Lorsqu'un tel homme exerce ses facultés mentales, elles doivent se revêtir de matière astrale et physique, avant qu'il ne puisse lui-même être conscient de leur activité. Le corps mental est donc le véhicule de l'Égo, du Penseur, pour tout son travail de raisonnement ; mais, tant que l'Égo est encore jeune, ce véhicule, imparfaitement organisé, est faible et diffus, comme le corps astral de l'homme peu évolué.

La substance dont se compose le corps mental est extrêmement ténue et subtile. Nous avons vu que la matière astrale est déjà beaucoup moins dense que l'éther du plan physique. Il faut maintenant pousser plus loin encore l'idée que nous nous faisons de la matière, jusqu'à la conception d'une substance échappant à la vision astrale comme à la vue physique, substance trop subtile pour être perçue même par les "sens internes" de l'Homme. Cette matière appartient au cinquième plan de notre Univers en commençant par le haut, ou au troisième en commençant par le bas. Dans cette matière, "l'Égo" se manifeste comme intelligence, tandis que dans celle du plan inférieur (l'astral) il se manifestait comme sensation.

La limite extérieure du corps mental, visible dans l'Aura, met en évidence une particularité : ce corps augmente, il croît en grandeur et en activité à mesure que l'Homme, dans la série de ses incarnations, se développe et évolue. Jusqu'ici, nous n'avions pas rencontré cette particularité. Pour chaque incarnation, un corps physique est construit, différant selon la nationalité et le sexe ; mais nous l'imaginons conservant la même taille, ou peu s'en faut, depuis les Atlantes jusqu'à nos jours. Le corps astral, d'autre part, croît en organisation, comme nous l'avons observé, à mesure que l'Homme progresse. Mais le corps mental, lui, croît littéralement en grandeur avec l'évolution humaine. En considérant une personne très peu développée, nous aurons du mal à distinguer son corps mental ; il est si peu évolué que, si l'on n'y mettait du soin, on ne le verrait même pas. Puis nous ensuite un homme plus avancé, un homme qui n'a pas encore atteint la spiritualité, mais dont les facultés mentales sont développées, et l'intellect entrainé. Nous verrons que son corps mental est en train d'acquérir une formation très nette, et qu'il se révèle, par son organisation, comme étant un véhicule de l'activité humaine. Il constitue un objet au contour net et clair, tissu de fine substance et d'admirables couleurs, vibrant constamment, plein d'activité, de vie et de force, — expression de l'intelligence dans le monde de l'intelligence.

Sa nature donc, essence subtile; ses fonctions: véhicule immédiat où "l'Égo" se manifeste comme intelligence. Sa croissance: à travers la série des vies successives elle se poursuit, proportionnée au développement intellectuel; son organisation aussi s'achève, de plus en plus parfaite, à mesure que les qualités et les attributs de l'intelligence se marquent plus nettement.

Á l'inverse du corps astral, le corps mental, lorsqu'il fonctionne de concert avec les véhicules inférieurs, ne reproduit nullement l'image physique de l'Homme, sa forme, ou ses traits. Au contraire, il est ovoïde; il pénètre le corps astral et le corps physique, et les dépasse, formant autour d'eux une atmosphère rayonnante qui grandit sans cesse avec le développement intellectuel de l'Homme. Inutile d'ajouter que cette forme ovoïde devient un admirable et radieux objet lorsque l'Homme développe les facultés supérieures de son intelligence. Elle échappe à la vision astrale, mais est clairement perçue par cette vision plus haute qui appartient au monde mental. Un homme ordinaire, vivant dans le monde physique, ne voit rien du monde astral, bien qu'il y soit immergé, jusqu'au jour où s'éveillent ses sens astraux. De même, l'homme chez qui les sens physiques et astraux sont seuls développés, ne verra rien du monde mental, ni des formes composées de sa substance, jusqu'à ce que les sens mentaux soient éveillés en lui, ce monde, néanmoins, l'entoure de toute part.

Ces sens plus pénétrants, ces sens qui appartiennent au monde mental, diffèrent grandement de ceux qui nous sont familiers "ici-bas". L'emploi du pluriel constitue même une fausse appellation, car on devrait plutôt dire "le sens" mental. Il semble que le mental prenne contact directement, par toute sa surface, avec les choses de son monde, à lui. Il n'a point d'organes distincts de la vue, de l'ouïe, du toucher, du gout et de l'odorat. Les vibrations qui ne pourraient être perçues ici-bas qu'à travers des organes distincts, produisent en bloc toutes leurs impressions diverses, dès qu'elles entrent en contact avec le mental. Le corps mental les reçoit toutes instantanément et perçoit simultanément en toutes leurs parties les objets qu'il est susceptible de percevoir.

Comment un agrégat d'impressions différentes peut-il être, par ce sens mental, perçu synthétiquement et sans confusion ? — C'est chose difficile à exprimer clairement en paroles. Le mieux sera peut-être de dire que, si un disciple entrainé passe dans cette région, et qu'il y confère avec un autre disciple, son mental s'exprime simultanément en couleur, son et forme, de telle sorte que sa pensée tout entière soit transmise en une image colorée et sonore, au lieu de n'être dévoilée que par fragments, comme dans les symboles qu'ici-bas nous nommons "paroles". Quelques lecteurs peuvent avoir entendu parler de livres antiques, écrits jadis par de grands Initiés en langage coloré, la langue des dieux. Cette langue est connue de maint disciple, et les formes et couleurs en sont empruntées au "langage" du monde mental, où les vibrations d'une seule pensée engendrent en même temps forme, couleur et son. Nul besoin pour l'intelligence de penser une couleur, ou un son, ou une forme : il lui suffit d'émettre une pensée, et cette pensée, vibration complexe d'une matière subtile, s'exprime d'elle-même en tous ces modes divers. La substance du monde mental est constamment en vibration, constamment elle donne naissance à ces couleurs, à ces sons, à ces formes ; et si l'Homme fonctionne consciemment dans son corps mental, dégagé de ses enveloppes physique et astrale, il se trouve entièrement libéré des limitations de leurs organes ; il perçoit simultanément, en chaque point de son être, toutes les vibrations qui, dans le monde inférieur, se présenteraient à lui comme distinctes et différentes.

Mais, lorsque l'Homme pense, à "l'état de veille", lorsqu'il opère par l'intermédiaire de ses véhicules inférieurs, astral et physique, alors la pensée, produite, comme toujours, dans le corps mental, s'extériorise ensuite par transmission à l'astral, puis au physique. Le mental seul lui donne naissance ; il est son agent véritable, et il est aussi, chez nous, l'élément de conscience qui s'attribue le plus souvent le titre de "moi". Ce "moi" est d'ailleurs illusoire, mais c'est le seul "moi" que la plupart d'entre nous connaissent.

En traitant de la conscience du corps physique, nous avons vu que l'Homme proprement dit n'était pas conscient de tout ce qui se passait dans ce corps, dont les fonctions échappent en partie à sa volonté ; qu'il ne pouvait identifier sa pensée avec celle des cellules minuscules ; enfin, qu'il ne partageait pas la conscience du corps considéré comme un tout. Mais lorsqu'il s'agit du corps mental, nous abordons une région avec laquelle l'Homme s'identifie si étroitement qu'elle parait être lui-même. "Je pense", "je sais" est-il possible d'aller plus loin ? Le mental c'est "l'Égo" dans son corps mental, et pour la plupart d'entre nous, il semble que ce soit là l'ultime but de notre poursuite du Soi. Mais cela n'est vrai que si nous nous limitons à "l'état de veille". Celui qui sait que sa conscience à l'état de veille n'est, au même titre que les sensations de son corps astral, qu'une des étapes de son pèlerinage à la recherche du Soi, celui-là comprendra, surtout s'il a appris à aller au-delà, que cette intelligence n'est, à son tour, qu'un instrument de l'Homme réel. Mais, comme je l'ai dit, la plupart d'entre nous ne distinguent pas et ne peuvent pas distinguer, dans leur pensée, l'Homme de son corps mental ; car il leur semble que ce soit là sa plus haute expression, son plus parfait véhicule, le "soi" le plus élevé qu'il puisse atteindre ou concevoir. Cela est d'autant plus naturel, inévitable même, que l'Individu, l'Homme, au point où il en est de son évolution, commence précisément à vivifier ce corps mental, et à en faire le siège essentiel de son activité. Dans un lointain passé, il a vivifié son corps physique comme véhicule de sa conscience ; maintenant il s'en sert tout naturellement. Chez les membres arriérés de la race, il vivifie actuellement son corps astral, mais chez un grand nombre, ce travail est au moins partiellement achevé. Dans notre cinquième race, l'Homme travaille à son corps mental : la construction, l'évolution de ce corps, telle est la tâche qui incombe spécialement à l'humanité actuelle.

Nous avons donc grand intérêt à comprendre comment se construit notre corps mental, et comment il croît. — Il croît par la pensée. Nos pensées sont les matériaux qui nous servent à édifier ce véhicule mental. Par l'exercice de nos facultés mentales, par le développement de notre puissance artistique, de nos émotions élevées, nous sommes occupés, littéralement, à bâtir notre corps mental jour par jour, pendant chaque mois, chaque année de notre vie. Si vous n'exercez pas vos facultés mentales; si vous n'êtes que le réceptacle de vos pensées, sans en être jamais le créateur; si vous ne savez qu'accepter du dehors au lieu de former du dedans; si, pendant votre traversée de la vie, vous ne faites qu'héberger les seules idées des autres; si, en fait de pensée, vous ne connaissez rien de mieux, alors, d'une vie à l'autre, votre corps mental ne pourra se développer; d'une vie à l'autre vous reviendrez tel que vous étiez au départ; d'une vie à l'autre vous piétinerez sur place, individu rudimentaire, non évolué. Exercer l'intelligence elle-même, utiliser créativement ses facultés, les mettre à l'épreuve, oeuvrer par elles, exiger d'elles un continuel effort, tels sont les seuls moyens d'assurer le développement du corps mental, les seuls moyens du véritable progrès dans l'évolution humaine.

Dès que vous commencerez à vous en rendre compte, vous chercherez sans doute à modifier l'attitude générale de votre "moi" conscient. Vous commencerez à observer son fonctionnement ; et dès lors vous pourrez vérifier l'exactitude de ce qui vient d'être dit. Vous découvrirez qu'une grande part de votre activité mentale n'est pas *vôtre :* elle n'est, à proprement parler, que l'acceptation des pensées d'autrui. Les pensées, vous ne savez pas comment elles vous viennent ; elles arrivent, et vous ignorez leur provenance ; elles vous quittent, et vous ne savez où elles vont. Et vous commencerez alors à sentir, non sans quelque détresse peut-être et quelque contrariété, qu'au lieu d'être hautement évolué, votre entendement n'est qu'un carrefour, où des pensées passent.

Examinez-vous vous-même, analysez le contenu de votre magasin intellectuel, cherchez à distinguer ce qui est vraiment à vous de ce qui n'est qu'emprunt fait à l'extérieur. De temps à autre, pendant la journée, arrêtez-vous brusquement et voyez à quoi vous pensez ; vous serez peut-être surpris de découvrir que vous ne pensez à rien — expérience très commune — ou que vous pensez si vaguement, qu'aucun principe mental en vous ne peut en éprouver autre chose qu'une impression toute fugitive. Lorsque vous aurez répété un bon nombre de fois cette expérience, et que ces essais eux-mêmes vous auront rendu plus "soi-conscient" qu'auparavant, commencez à analyser minutieusement les pensées qui se trouvent en votre conscience, et cherchez à voir quelle différence il y a entre leur condition à l'entrée et à la sortie ; à voir, en un mot, ce que vous avez bien pu ajouter à ces pensées pendant leur séjour chez vous. Ainsi votre mentalité deviendra réellement active et commencera à exercer sa puissance créatrice.

Pour activer cette formation, vous ferez bien, si vous m'en croyez, d'adopter une méthode d'entrainement définie. Ainsi, vous déterminerez tout d'abord le genre des pensées qui seront autorisées à séjourner en votre esprit. Chaque fois qu'il se présente une pensée que vous jugez bonne ; concentrez sur elle toute votre attention, nourrissez-la, fortifiez-la, faites qu'elle soit plus riche après son séjour chez vous, et envoyez-la, comme une force bienfaisante, dans le monde astral. Quant aux pensées mauvaises, chassez-les avec toute la rapidité imaginable. À force d'accueillir les pensées bonnes et utiles, et de refuser tout séjour aux pensées mauvaises, vous verrez apparaitre le résultat suivant : les pensées de la première catégorie, de plus en plus nombreuses, afflueront en votre esprit ; les autres se feront de plus en plus rares. Votre mental, plein de pensées bonnes et utiles, agira comme un aimant, attractivement, sur toutes les pensées de même nature qui se trouvent dans l'ambiance, mais en mode de répulsion sur les pensées contraires, qui seront automatiquement repoussées à votre approche.

Le corps mental prendra donc l'habitude caractéristique d'attirer, de l'atmosphère environnante, toutes les pensées qui sont bonnes et d'y repousser celles qui sont mauvaises ; il élaborera les bonnes pensées et les rendra plus actives, s'enrichissant lui-même, d'année en année, de toute la masse des matériaux mentaux ainsi accumulés.

Lorsque le temps sera venu pour l'Homme de se dépouiller finalement de ses enveloppes physique et astrale, il passera dans le monde mental, emportant avec lui tous ces trésors amassés. Le contenu de l'intelligence sera donc transporté dans la région qui lui est propre, et la vie de l'homme en Dévachan sera employée à transmuer en facultés et en puissance la réserve mentale accumulée ici-bas.

À la fin de la période dévachanique, le corps mental transmettra au corps *causal* permanent les caractéristiques ainsi façonnées, afin qu'elles puissent se faire jour dans l'incarnation suivante. Lorsque l'Homme s'en retournera vers la matière, ces facultés se revêtiront de la substance des plans "rûpa" du monde mental, pour former le nouveau corps mental, mieux organisé, plus hautement développé, destiné à servir l'Homme dans l'existence qui se prépare. Elles se manifesteront enfin, en passant par le corps astral et le corps physique, sous forme de "facultés innées", que l'enfant apportera avec lui dans le monde.

En résumé, dans notre vie présente, nous rassemblons des matériaux selon la méthode indiquée plus haut. Pendant la vie dévachanique, nous opérons sur ces matériaux, nous les transmuons, d'efforts isolés de la pensée, en *faculté de penser*, en puissance et en activité mentale. Telle est l'immense transformation accomplie pendant le séjour en Dévachan, et ce travail étant limité d'avance par l'emploi que nous faisons de notre vie terrestre, nous ferons bien, dès à présent, de ne point ménager nos efforts. Le corps mental de notre prochaine incarnation dépendra du travail accompli dans notre corps mental actuel ; d'où l'importance colossale, pour notre évolution, de l'emploi que nous faisons de ce corps. C'est là, encore une fois, ce qui détermine d'avance les limites de l'activité humaine dans le Dévachan et, par suite, l'amplitude des qualités mentales que l'individu en rapportera pour sa prochaine existence terrestre. Nous ne pouvons pas plus isoler une vie d'une autre vie, que nous ne pouvons, de rien, créer miraculeusement quelque chose. Karma nous rapporte une moisson proportionnée à ce que nous avons semé ; la récolte sera maigre ou fructueuse, selon les soins apportés au labour et aux semailles.

Nous comprendrons mieux l'action automatique
du corps mental, mentionnée plus haut, si nous considérons la nature des matériaux qu'il emprunte pour sa
construction. Le Mental Universel, auquel sa nature
intime le lie, est, sous son aspect matériel, le réservoir
où ces matériaux sont puisés. Ils consistent en mouvements vibratoires de tout genre, variant en qualité et
en puissance, selon les combinaisons produites. De ce
réservoir commun, le corps mental attire à lui, automatiquement, des éléments susceptibles d'entretenir
ses combinaisons déjà existantes ; car il s'opère, dans
le corps mental comme dans le corps physique, un
renouvèlement continu, et chaque particule disparue
doit normalement être remplacée par l'arrivée d'une
particule de même nature. Du jour où l'Homme, re-
marquant en son esprit des tendances mauvaises, en-
treprend de les modifier, il met en jeu des vibrations
d'un genre nouveau, et le corps mental, accoutumé à
répondre aux vibrations anciennes, résiste à la tendan-
ce nouvelle qu'on veut lui imposer : il y a alors lutte
et souffrance. Mais graduellement, à mesure que les
anciennes particules sont rejetées et remplacées par
celles susceptibles de répondre aux vibrations nouvelles (particules attirées automatiquement en vertu de
leur affinité), le corps mental change de caractère, que
dis-je, sa matière même se renouvèle, et ses vibrations

finissent par être répulsives envers les pensées mauvaises, et attractives envers les bonnes. De là l'extrême difficulté des premiers efforts, qui provoquent la
réaction et doivent surmonter la résistance, du mental
sous son ancien aspect ; de là aussi la facilité de plus en
plus grande que l'on éprouve à penser avec rectitude,
au fur et à mesure que cet ancien aspect se modifie ; et
finalement, la spontanéité parfaite du nouveau mode
d'activité et le plaisir qui l'accompagne.

Un autre moyen d'activer la croissance du corps
mental, c'est la pratique de la concentration. La concentration est l'art de fixer l'attention sur un point et de
l'y maintenir fermement, sans lui permettre d'aller à la
dérive ou d'être détournée de son objet. Nous devrions
nous entrainer à la réflexion soutenue et consécutive,
évitant de laisser courir notre pensée d'un objet à un
autre, évitant surtout de disperser nos énergies mentales sur une multitude de sujets insignifiants. C'est un
bon exercice que de suivre un raisonnement continu
où chaque pensée procède naturellement de celle qui
l'a précédée. Par là nous développons en notre intellect les qualités de séquence rigoureuse qui rendent
notre pensée essentiellement rationnelle. Quand le
mental fonctionne avec un ordre rigoureux et méthodique dans la succession des pensées, il acquiert des
forces nouvelles qui en font un digne instrument pour

le travail actif du "Soi" dans le monde mental. Une fois développé, ce pouvoir de concentration et de séquence dans la pensée se manifestera par l'aspect plus nettement délimité du corps mental, par sa croissance rapide, par la fermeté et l'équilibre de ses facultés, chaque effort étant désormais amplement compensé par le progrès qui en résulte.

B. Le Corps Causal

Passons à l'étude du deuxième corps mental, que nous désignons par son nom distinctif: "corps causal". Cette appellation est motivée par le fait que dans ce corps résident toutes les causes dont les effets sont manifestés sur les plans inférieurs. C'est ici le "corps du Manas", l'aspect "*forme*" de l'Individu, de l'Homme véritable. Le corps causal est le réceptacle, le grenier où s'accumulent pour l'éternité les trésors de l'Homme ; il se développe à mesure que la nature inférieure lui transmet, de plus en plus abondants, les matériaux susceptibles d'entrer dans sa structure. C'est dans le corps causal que sont assimilés tous les résultats durables de l'activité humaine ; c'est en lui que sont emmagasinés, pour être transmis à l'incarnation suivante, les germes de toutes les qualités. Les manifestations inférieures, étudiées jusqu'ici, dépendent donc entièrement de la croissance et du développement de cet Homme véritable "pour qui l'heure fatale ne sonne jamais".

Le corps causal, avons-nous dit plus haut, est l'aspect "*forme*" de l'Individu. Nous occupant ici du seul cycle actuel de l'humanité, nous pouvons dire, que, jusqu'à son apparition, il n'y a point d'*Homme*. Les tabernacles physique et éthérique peuvent exister déjà, attendant sa venue ; les passions, les émotions, les appétits peuvent être rassemblés, pour former sa nature Kâmique, dans le corps astral. Mais il n'y a point d'*Homme* tant que n'est pas parfaite la croissance de l'être à travers les plans physique et astral, et tant que la substance du plan mental n'a pas commencé à se manifester dans les véhicules inférieurs évolués. Lorsque, par la puissance du "Soi" préparant sa propre demeure, la matière du corps mental commence lentement à se manifester, il se produit une descente, un épanchement du vaste océan d'*Atmâ Buddhi*, de l'Esprit qui plane éternellement à la surface de l'évolution humaine. Ce courant descendant, si je puis m'exprimer ainsi, vient à la rencontre du courant ascendant de substance mentale évoluante, qu'il féconde. À ce point de jonction, le corps causal, l'Individu prend naissance.

Ceux dont la vue pénètre ces régions sublimes nous disent que cet aspect "*forme*" de l'Homme véritable est alors semblable à un voile sphérique ténu, d'essence

subtile, à peine perceptible, délimitant la sphère indi-
viduelle de l'être séparé. Ce voile délicat, incolore, de
fine matière, est le corps qui perdure à travers toute
l'évolution humaine, le fil qui soutient et relie toutes
les vies, le "*Sutrâtmâ*" réincarnateur, le "Soi-fil" [14]. Il est
le réceptacle de tout ce qui est d'accord avec la Loi, de
tout attribut noble, harmonieux et, par suite, durable.
C'est en lui que se marque la croissance de l'Homme,
le degré d'évolution atteint. Toute pensée grande et
noble, toute émotion pure et sublime, monte jusqu'à
lui pour être assimilée en sa propre substance.

Considérons la vie d'un homme ordinaire et voyons
ce qu'elle fournit en fait d'éléments propres à entrer dans
la construction du corps causal. Ce dernier, nous nous
l'imaginons semblable à un globe mince, à un voile ténu
et délicat; il doit être renforcé, il doit revêtir des couleurs
splendides; plein de vie, rayonnant, glorieux, il s'épa-
nouira avec la croissance et l'évolution de l'Homme.

Or, ce dernier, au début de son histoire, ne fait guère
preuve de qualités mentales; au contraire, ses passions,
ses appétits sont sa manifestation dominante; les sensations qu'il perçoit et qu'il recherche lui paraissent
seules désirables.

_____

14   De *Sutra*, fil, et *Atmâ*, âme, ou "Soi". Prononcez: *Soutra*. — De
même pour tous les noms sanscrits employés: *u* se prononce *ou*.

Pour figer les idées, nous pourrons imaginer le corps causal de l'Homme projetant, dans les régions inférieures de son propre plan, une petite portion de la substance délicate qui le compose, un appendice autour duquel le corps mental se forme. Ce dernier se prolonge à son tour vers le plan astral et reste en contact avec le corps astral ainsi formé, de sorte qu'un lien est établi, un pont est jeté sur lequel passe tout ce qui peut y passer. Par ce pont, l'Homme envoie ses pensées vers le monde des sensations, des passions, de la vie animale, et les pensées se mélangent à ces passions, à ces émotions animales. Ainsi, le corps mental s'enchevêtre avec le corps astral, et, quand vient la mort, il est difficile de les séparer l'un de l'autre.

Mais, si l'Homme, pendant sa vie dans ces régions inférieures, émet une pensée désintéressée, une pensée secourable envers un être aimé, s'il fait un sacrifice quelconque pour rendre service, il a dès lors fait oeuvre durable ; sa création est viable, car il a mis en elle la nature du monde supérieur. Elle pourra remonter jusqu'au corps causal et être assimilée en sa substance, qu'elle embellira, lui donnant peut-être sa première nuance de couleur vive. La vie entière de l'Homme peu évolué ne produira sans doute qu'un petit nombre de ces résultats durables, propres à nourrir le corps causal.

La croissance de ce corps est donc très lente, car tout le reste de la vie n'y contribue point.

Quant aux mauvaises tendances, leurs germes passent à l'état latent lorsque le corps astral, qui les a hébergées et entretenues de sa substance, est dispersé dans le monde astral. Ramenés à l'intérieur dans le corps mental, ces germes demeurent cachés, inertes, faute de moyens d'expression dans le monde dévachanique. Lorsque le corps mental périt à son tour, ces germes sont attirés dans le corps causal et y restent, toujours latents, dans un état d'animation suspendue. Lorsque enfin l'Égo, à son retour vers la vie terrestre, atteint le monde astral, ils sont revivifiés et projetés en manifestation, et ils apparaissent dans l'enfant sous forme d'innéités mauvaises. Ainsi le corps causal peut être considéré comme le réceptacle du Mal comme du Bien, puisqu'il est tout ce qui reste de l'Homme après la dispersion des véhicules inférieurs. Remarquons, toutefois, que le Bien est assimilé en sa texture et aide à sa croissance, tandis que le Mal (sauf le cas exceptionnel que nous allons mentionner) n'y subsiste qu'à l'état germinal.

Il n'en est pas de même lorsque l'Homme consacre à l'accomplissement du Mal la puissance de sa pensée : le tort fait au corps causal est autrement grave, alors, que la simple mise en réserve des germes du péché et du chagrin futurs. Non seulement la dépravation ne contribue en rien à la croissance de l'Homme véritable, mais, lorsqu'elle est subtile et persistante, elle entraine et compromet, si je puis m'exprimer ainsi, une portion de l'Individualité elle-même. Le vice continuel, la constante recherche du Mal, aboutissent à un tel enchevêtrement du mental avec l'astral, qu'après la mort, Manas ne peut se libérer entièrement, et qu'une partie de sa propre substance est arrachée, perdue pour l'Individu, et finalement dissipée, restituée au Mental universel lors de la dispersion de l'enveloppe astrale. Le voile sphérique léger, semblable à une bulle de savon, auquel nous comparions tantôt le corps causal, peut donc être aminci, affaibli par une existence dépravée ; non seulement sa croissance est retardée, mais sa constitution même est altérée, en sorte que ses fonctions d'assimilation sont rendues plus pénibles. Sa capacité de croitre, en un mot, parait être affectée, stérilisée, atrophiée jusqu'à un certain point. Dans la majorité des cas, le tort fait au corps causal ne va pas plus loin.

Mais, lorsque l'Égo est devenu puissant en intelligence et en volonté, sans croitre simultanément en désintéressement et en amour ; lorsqu'il se contracte autour de son centre départ, au lieu de s'épanouir par la croissance ; lorsqu'il s'entoure d'une muraille d'égoïsme, et qu'au lieu de consacrer ses puissances au service de l'Universel, il les emploie à satisfaire l'ambition du "moi" séparé ; alors surgit la possibilité d'un mal plus terrible et plus profond, possibilité à laquelle font allusion tant de traditions sacrées. Alors il peut se faire que l'Égo se mette consciemment en travers de la Loi, et qu'il combatte délibérément l'Évolution. Travaillé par les vibrations de l'intellect et de la volonté, par les activités du plan mental exclusivement orientées vers un but égoïste, le corps causal lui-même commence dès lors à revêtir les teintes sombres qui sont l'indice de la contraction ; il perd cette splendeur rayonnante qui était son attribut caractéristique. Une telle calamité ne peut survenir pour l'Égo médiocrement développé, ni comme conséquence de fautes passionnelles ou mentales ordinaires. Pour produire une perturbation aussi profonde, l'Individualité doit être hautement évoluée, et ses énergies doivent être puissantes sur le plan mânasique. C'est pourquoi l'ambition, l'orgueil et l'emploi égoïste des puissances intellectuelles sont des vices infiniment plus dangereux, plus mortels dans leurs conséquences, que les fautes grossières et palpables de la nature inférieure. C'est pourquoi le "Pharisien" est souvent plus loin du "Royaume de Dieu" que le "publicain et le pécheur". Selon cette voie se développe le "mage noir", l'homme qui subjugue ses passions et ses

désirs, qui développe sa volonté et les puissances supérieures de son intelligence, non pour les offrir joyeuse-
ment à l'Universel, non pour venir en aide à l'évolution
du Tout, mais afin de saisir ce qu'il pourra accaparer au
profit de son "moi" séparé, afin de garder tout pour soi
sans rien partager. De tels hommes travaillent à maintenir la séparation contre l'unification, ils contribuent
à retarder l'évolution, au lieu de la hâter; la vibration
de leur être est, dès lors, en discordance avec l'Harmonie Universelle, c'est pourquoi ils sont menacés du
déchirement de l'Égo, calamité qui implique la perte
de tous les résultats acquis par l'évolution.

Quoi qu'il en soit, nous tous, qui commençons à
comprendre ce qu'est le corps causal, nous pouvons
considérer son développement comme l'objet même
de notre existence; nous pouvons nous efforcer de
penser toujours avec désintéressement, afin de contri-
buer à sa croissance et à son activité. À travers les vies
et les âges, cette évolution de l'Individu se poursuit, et
en hâtant sa croissance par nos efforts conscients, nous
oeuvrons en harmonie avec la Volonté Divine, et nous
accomplissons la tâche qui nous est dévolue ici-bas.
Le Bien, une fois tissé dans l'étoffe de ce corps causal,
n'est jamais perdu : aucune parcelle ne peut en être dis-
traite, car c'est ici l'Homme réel, qui vit à tout jamais.

Nous voyons donc que le Mal, quelque puissant qu'il puisse sembler momentanément, porte en lui-même le germe de sa propre destruction, tandis que le Bien a toujours en lui le germe de l'immortalité. Le secret de cette différence git en ce fait, que le Mal est toujours disharmonique, qu'il se met en opposition avec la Loi cosmique ; c'est pourquoi il est condamné, tôt ou tard, à être brisé par cette Loi, à être écrasé, réduit en poussière par l'irrésistible courant de l'Évolution. Tout ce qui est Bien, par contre, s'harmonisant avec la Loi, est soulevé, transporté par elle et devient partie intégrante du courant universel, de ce "je ne sais quoi qui, en dehors de nous-mêmes, tend vers la perfection". C'est pourquoi le Bien est impérissable, indestructible. Ici repose non seulement l'espoir de l'homme, mais la certitude de son triomphe final. Quelque lente que soit sa croissance, elle est là ; quelque long que soit son chemin, il a une fin. L'Individualité qui est notre "Soi" évolue et ne peut plus désormais être entièrement détruite ; si même, par notre maladresse, nous rendons sa croissance plus lente qu'elle ne devrait être, il n'en subsiste pas moins que tout ce par quoi nous y contribuons, quelque infimes que soient nos efforts, perdure en elle à tout jamais et constitue notre héritage pour les siècles à venir.

LES AUTRES CORPS

Nous pouvons nous élever encore d'un degré ; mais les hauteurs que nous abordons ici sont en quelque sorte inaccessibles à notre imagination elle-même. Le corps causal, que nous venons d'étudier, n'est pas ce qu'il y a de plus élevé en nous. L' "Égo spirituel", ce n'est pas *Manas :* c'est Manas unifié, absorbé en *Buddhi.* C'est ici le point culminant de l'évolution humaine, point où s'arrête enfin la roue des naissances et des morts. Nous avons donc à considérer maintenant un nouveau plan de l'Univers, plus élevé que celui du Manas dont nous parlions au chapitre précédent, plan qu'on appelle souvent "*Turîya*", ou *Buddhi.* Sur ce plan, le véhicule de notre conscience est l'*Anandamâyakosha*, ou "corps de béatitude", dans lequel les Yoguis peuvent passer pour y gouter l'éternelle félicité de ce monde glorieux et contempler face à face, en l'extase consciente de leur âme, l'Unité fondamentale de l'Être, qui n'est plus dès lors pour eux une simple croyance intellectuelle, mais un fait d'expérience directe.

Peut-être vous a-t-on dit qu'il vient pour l'Homme un temps où riche d'amour, de sagesse, de puissance, il franchit un portail qui marque, dans son évolution, une phase décisive. C'est le portail de l'Initiation. En le franchissant, sous la conduite du Maitre, la conscience de l'Homme s'élève pour la première fois jusqu'au Corps Spirituel, afin d'y gouter cette unité qui est à la base de toute la diversité, de toute la séparativité des plans physique, astral et mental. Lorsque l'Homme, revêtu de son Corps Spirituel, laisse derrière lui ces régions, il constate pour la première fois, par l'expérience directe, que la séparativité n'appartient qu'aux trois mondes inférieurs, qu'il est un avec tous ses semblables, et que, sans perdre la notion de "l'Égo", sa conscience peut s'étendre jusqu'à englober la conscience de tous, jusqu'à s'identifier, en réalité, avec le "Soi" de l'Humanité universelle. Voici enfin consommée l'unification vers laquelle l'Homme aspire sans cesse. L'union qu'il a pressentie sur les plans inférieurs, sans parvenir jamais à la réaliser, est désormais pour lui un fait accompli. La plénitude de son bonheur surpasse tout ce que ses rêves les plus sublimes ont osé concevoir : son "Soi" le plus intime est un avec l'Humanité entière.

A. Les Corps Temporaires

Puisque nous passons en revue les différents corps de l'Homme, nous ne pouvons omettre certains autres véhicules, purement temporaires, et qui, de par leur caractère spécial, peuvent être considérés comme artificiels. Lorsqu'un homme commence à quitter son corps physique, il fait usage du corps astral : mais, tant qu'il fonctionne dans ce véhicule, il doit se renfermer dans les confins du monde astral. Il lui sera néanmoins possible, un jour, d'aller plus loin et de passer dans la région mentale de l'Univers. Il utilisera à cet effet son corps mental (celui du Manas inférieur), et ce véhicule lui permettra de parcourir également sans nul obstacle les plans astral et physique. L'enveloppe ainsi employée est souvent appelée : *Mâyâvi-Rûpa*, ou corps d'illusion ; c'est le corps mental transformé, en quelque sorte, pour servir de véhicule à l'activité séparée de l'individu. L'Homme façonne son corps mental selon sa propre image, à sa propre ressemblance, et, dans cette forme purement temporaire, il peut parcourir librement les trois mondes et franchir toutes leurs limitations habituelles.

C'est ici le corps artificiel dont parlent souvent les ouvrages théosophiques ; corps grâce auquel le disciple peut voyager d'une contrée à l'autre, ou passer entièrement dans le monde mental pour y apprendre de nouvelles vérités, y acquérir des expériences nouvelles et rapporter au réveil, dans sa conscience normale, les trésors ainsi amassés. Le principal avantage que présente ce corps, c'est de n'être point sujet, dans le monde astral, aux déceptions et aux illusions auxquelles le corps astral peut difficilement se soustraire. Les sens astraux non entrainés nous induisent fréquemment en erreur, et une grande expérience est nécessaire avant de pouvoir se fier à leurs indications. Au contraire, ce corps astral, temporairement formé, n'est pas sujet aux déceptions. Il entend et voit avec sureté et précision ; aucune influence du monde astral ne peut le circonvenir, aucune illusion ne peut le tromper. Voilà pourquoi ce corps, formé quand le besoin s'en présente, abandonné ensuite dès qu'il a rempli son but, est employé de préférence par ceux qui sont entrainés à ce genre de pérégrinations. C'est grâce à lui que le disciple apprend souvent des leçons qui ne pourraient l'atteindre autrement, et reçoit des enseignements dont il serait entièrement privé si l'extension de son activité consciente était limitée au seul monde astral.

D'autres corps temporaires ont également été désignés sous le nom de "Mâyâvi-Rûpa" ; mais il semble préférable de restreindre cette appellation au véhicule que nous venons de décrire. L'apparition d'un homme à distance peut être simulée par une forme-pensée, qui n'est donc pas à proprement parler un véhicule du "moi" conscient, mais une pensée revêtue de l'essence élémentale du plan astral. De telles formes ne sont, en règle générale, que le véhicule de quelque pensée spéciale, de quelque vouloir particulier; à part cela, elles sont inconscientes. Il suffit de les mentionner en passant.

B. L'aura

Nous sommes désormais à même de comprendre ce qu'est et ce que signifie réellement l'*Aura* humaine. L'Aura, c'est l'Homme lui-même manifesté à la fois sur les quatre plans de son activité; le développement en est proportionné à la puissance fonctionnelle de l'Homme sur chacun de ces quatre plans. L'Aura, c'est en d'autres termes, l'ensemble des corps, des véhicules de la conscience humaine; en un mot, l'aspect-*forme* de l'Individu. Voilà ce qu'il faut entendre par "l'Aura"; il ne s'agit donc pas d'une simple auréole, ou d'un nuage entourant le corps physique.

Surpassant en splendeur tous les autres, le Corps Spirituel, visible chez l'Initié, laisse rayonner librement le feu vivant d'Atmâ: c'est ici la manifestation de l'Homme sur le plan Bouddhique. Au-dessous, nous trouvons le corps causal, sa manifestation dans le monde mental supérieur, dans la région *Arûpâ* du plan de Manas, séjour de l'Individualité humaine. Puis viennent successivement le corps mental proprement dit, appartenant à la région mânasique inférieure, et les formes astrale, éthérique et grossière composées chacune de la substance des régions correspondantes de l'Univers et représentant l'Homme tel qu'il est dans chacune de ces régions.

À mesure que se développent ses pouvoirs de vision transcendante, le disciple peut voir et suivre dans toutes les manifestations de leur activité tous ces corps, dont l'ensemble constitue l'Homme. Leur substance, différemment subtile, permet de les distinguer entre eux et de déterminer exactement le point atteint par l'Homme dans son évolution.

Le corps physique, le plus petit de tous, apparait comme une sorte de cristallisation dense au centre des autres corps, qui le pénètrent et s'étendent en tous sens autour de lui. Puis vient le corps astral, montrant l'état de la nature kâmique, qui joue un si grand rôle chez l'homme ordinaire ; rempli de ses passions, de ses appétits, de ses émotions, il varie en finesse, en coloration, selon que l'homme est plus ou moins pur. Fort dense chez l'être grossier, ce corps s'affine de plus en plus, pour devenir extrêmement subtil chez l'Individu hautement évolué. Le corps mental vient suite ; quelque médiocre que soit son développement dans la majeure partie de l'Humanité, il est néanmoins fort beau chez un grand nombre. D'ailleurs, il varie considérablement en couleur selon le type mental et moral de l'individu considéré. Puis le corps causal, à peine visible chez la plupart, nécessitant pour sa découverte un examen attentif si faible est son développement, si ténue sa coloration, si imperceptible son activité. — Mais lorsque nous venons à considérer une âme avancée, nous voyons que, tout au contraire, le corps causal et le corps spirituel frappent immédiatement la vue comme étant la représentation typique de l'Homme. Leur lumière rayonnante, leur coloration délicate et splendide à la fois, renferment des tons qu'aucun langage humain ne peut décrire, parce qu'ils ne trouvent pas leur place dans le spectre physique; des teintes, non seulement pures et belles entre toutes, mais aussi entièrement différentes de tout ce que nous connaissons ici-bas. Ces teintes additionnelles sont l'indice du développement, en ces régions supérieures de la nature humaine, des qualités et des puissances qui n'existent que là.

Lorsqu'à la vision intérieure de l'Homme échoit l'insigne bonheur de contempler l'un des Maitres, c'est sous cette puissante forme de Lumière et de Vie qu'Il apparait, rayonnant et glorieux, à l'âme du disciple. D'une indescriptible beauté, d'une splendeur qui sur-

passe tout ce que l'imagination humaine peut concevoir, son seul aspect suffit à révéler sa nature même.
Quelque inconcevable que soit encore pour nous une
telle majesté, la possibilité de sa réalisation n'en git pas
moins, obscurément latente, en chaque fils de l'Homme. Ce qu'est actuellement un tel Être, tous, nous le
deviendrons un jour.

À propos de l'Aura, il y a un point que je tiens
à signaler, comme étant susceptible d'application pratique. Nous pouvons, dans une grande mesure, nous
protéger contre les incursions des pensées extérieures
en formant autour de nous, au moyen de la substance
même de l'Aura, un véritable mur sphérique. L'Aura
obéit, avec la plus grande facilité, à l'action de la pensée, et si, par un effort de notre imagination, nous nous
figurons sa surface extérieure solidifiée sous forme de
coque impénétrable, nous formons réellement autour
de nous ce mur protecteur. Cette coque s'opposera à
l'entrée des pensées errantes qui remplissent l'atmosphère astrale ; elle pourra donc combattre l'influence
que ces pensées exercent sur le mental non entrainé.
L'épuisement vital que nous éprouvons parfois, surtout lorsque nous entrons en contact avec des gens
"qui vampirisent" inconsciemment leurs voisins, trouve
aussi son remède dans la formation d'une coque auri-
que. Toute personne sensitive, susceptible d'être facile-

ment épuisée par de tels emprunts, agira sagement en se protégeant ainsi. Tellement grande est la puissance de la Pensée humaine, que la seule idée d'être garanti par un manteau protecteur suffit à former instantanément ce manteau autour de nous.

Si nous considérons maintenant les êtres humains qui nous entourent, nous pourrons les voir, à tous les degrés de leur développement, montrant par l'aspect même de leurs corps le point qu'ils ont atteint dans leur évolution. Car leur vie gagne successivement les différents plans de l'Univers, leur activité s'étend à des régions de plus en plus élevées, à mesure qu'ils développent les véhicules de leur conscience qui correspondent à ces régions. Notre Aura nous montre tels que nous sommes : sa beauté s'accroit lorsque nous-mêmes croissons dans la vie réelle ; en menant une existence noble et digne, nous purifions sa substance même, et nous y tissons des qualités de plus en plus élevées.

Est-il possible qu'une philosophie de la vie puisse renfermer plus d'espérance de joie, de force ? — Regardant le monde des hommes avec la seule vue physique, nous le voyons dégradé, misérable, apparemment sans espoir ; il est tel, en effet, pour l'oeil de chair. Mais ce même monde des hommes nous apparait sous un tout autre aspect, lorsqu'il est vu avec la vision plus haute. Sans doute, nous y voyons toujours la tristesse et la misère, la dégradation et la honte ; mais nous savons que ces maux sont passagers, qu'ils appartiennent à l'enfance de la race, et que cette race en sera quitte un jour. Et nous avons beau jeter nos regards sur tout ce qu'il y a, dans l'humanité, de plus bas et de plus vil, de plus dégradé et de plus brutal, nous pouvons toujours voir, actuellement présentes, les potentialités divines qui échappent à l'oeil ordinaire, nous pouvons nous rendre compte de ce que tous seront dans les temps à venir. C'est là le message d'espoir que la Théosophie apporte au monde Occidental, message d'universelle rédemption des chaines de l'ignorance, message, par conséquent, d'universelle émancipation de la misère ; et cela, non pas en rêve, mais en réalité, non pas en espérance mais en certitude. Quiconque, dans sa propre vie, montre les signes de la croissance mystique, peut être considéré comme une nouvelle confirmation de ce message. Partout apparaissent les prémices de la moisson, moisson divine pour laquelle le monde entier sera mûr un jour, réalisant enfin le but que lui a prescrit le Logos en lui donnant sa vie.

L'HOMME

Passons maintenant à l'étude de l'Homme lui-même. Nous aurons à considérer désormais, non plus les véhicules de la conscience, mais l'action de la conscience sur eux ; non plus les corps, mais l'entité qui fonctionne dans ces corps. Par "l'Homme", j'entends cette Individualité continue qui passe de vie en vie, qui occupe des corps pour les quitter ensuite, à maintes et maintes reprises, qui croît et se développe lentement, en vertu de l'expérience vécue et assimilée au cours des âges. Voilà donc ce que j'entends par l'Homme, objet actuel de notre étude. Il existe sur ce plan mânasique ou mental supérieur, dont le chapitre précédent a fait mention ; et la sphère de son activité s'étend aux trois mondes, physique, astral et mental, qui nous sont désormais familiers.

L'Homme commence la série de nos expériences en développant la "conscience en soi", sur le plan physique. C'est ici qu'apparait "la conscience à l'état

de veille", que nous connaissons tous, la conscience
opérant par l'intermédiaire du cerveau et du système
nerveux. C'est le mécanisme au moyen duquel nous
raisonnons à l'ordinaire, déployant toutes les ressour-
ces de notre logique, nous remémorant les faits pas-
sés de notre incarnation actuelle, exerçant enfin notre
jugement sur les affaires de la vie. Toutes les facultés
mentales que nous reconnaissons en nous-mêmes sont
le fruit du travail de l'Homme à travers les étapes an-
térieures de son pèlerinage, et sa soi-conscience ici-bas
croît en netteté, en activité, en vivacité, à mesure que
l'Individualité se développe, à mesure que, d'une vie à
l'autre, l'Homme progresse.

Si nous étudions un individu très peu développé,
nous verrons que son activité mentale consciente en
soi est pauvre en qualité, restreinte en quantité. Il travaille exclusivement dans son corps physique, par l'intermédiaire du cerveau grossier et du cerveau éthérique. L'activité du système nerveux, visible et invisible,
est continuelle, mais fort mal dirigée ; elle montre bien
peu de discernement, bien peu de délicatesse du toucher mental. Quant à l'activité mentale proprement
dite, le peu qui s'en manifeste est enfantin, puéril :
l'Homme s'attache à des vétilles, un incident trivial
suffit à l'amuser, son attention est attirée par les choses
les plus mesquines, et les objets qui passent font toute

sa joie. L'idéal est d'être assis à une fenêtre donnant sur une rue animée, pour regarder passer gens et voitures, et faire des remarques sur les uns et les autres. La gaité est à son comble lorsqu'une personne bien habillée se laisse choir dans une flaque de boue, ou qu'un fiacre en passant l'éclabousse. L'âme n'a que peu de chose au-dedans d'elle-même pour y occuper son attention, c'est pourquoi elle court toujours au dehors, à seule fin de se sentir vivre.

Une des principales caractéristiques de ce bas degré d'évolution mentale est la suivante : l'homme qui accomplit, dans ses deux enveloppes physiques, ce travail préliminaire destiné à les mettre simplement en état de fonctionner comme véhicules de sa conscience, cet homme recherche toujours les sensations violentes. Il a besoin de s'assurer qu'il sent, et il n'apprend à distinguer les choses que s'il en reçoit des impressions fortes et vives. Cette étape du progrès humain, pour être élémentaire, n'en est pas moins indispensable ; sans elle, l'Homme serait constamment exposé à confondre les processus intérieurs à son organisme avec ceux extérieurs. Il doit donc apprendre l'alphabet du "moi" et du "non-moi", en établissant graduellement la distinction entre l'objet qui produit l'impression et la sensation consécutive résultant de cette impression ; ou, en d'autres termes, entre l'excitation et la réaction consécutive.

On peut observer au coin des rues les types les plus grossiers appartenant à cette phase de l'évolution humaine. Rassemblés en petits groupes épars, nonchalamment appuyés contre un mur, ils profèrent de temps à autre quelque remarque stupide, suivie des éclats d'un rire bruyant et vide. L'observateur capable de pénétrer en leur cerveau constatera que ces êtres reçoivent, des objets qui passent, des impressions plus ou moins confuses, et qu'ils ne peuvent établir qu'un lien très imparfait entre ces impressions actuelles et d'autres analogues, subies antérieurement. Chez eux, en un mot, les impressions perçues font plutôt l'effet d'un tas de cailloux que d'une mosaïque régulièrement disposée.

Afin d'étudier le processus suivant lequel le cerveau éthérique et le cerveau grossier deviennent des véhicules de la conscience humaine, il faut nous reporter en arrière jusqu'au développement primordial de l'*Ahamkâra*, ou "conscience en soi", degré de l'évolution observable chez les animaux inférieurs qui nous entourent. Des vibrations provoquées par le choc des objets extérieurs sont mises en jeu dans le cerveau, transmises par lui au corps astral, et delà, sous forme de *sensations*, à la conscience. Mais aucun lien n'est encore établi entre ces sensations et les objets qui les ont provoquées, car la formation de ce lien constitue un phénomène mental bien déterminé : une *perception*.

À partir du moment où la perception commence, la conscience se sert du cerveau physique et éthérique comme d'un véhicule à son usage, véhicule par le moyen duquel elle acquiert la connaissance du monde extérieur. Ce degré est passé depuis longtemps déjà pour notre Humanité ; mais sa répétition fugitive peut être observée lorsque la conscience humaine prend possession d'un nouveau cerveau après la naissance. L'enfant commence à remarquer, à faire "attention", comme disent les nourrices, c'est-à-dire qu'il établit le rapport entre une sensation qui s'élève en lui et l'impression produite sur son nouvel étui, ou son nouveau véhicule, par un objet extérieur. Il commence donc à "remarquer" l'objet, à le *percevoir*.

Après un certain temps, la perception d'un objet n'est plus nécessaire pour que son image soit présente à la conscience. L'Homme peut évoquer en sa pensée l'apparence de l'objet, alors qu'aucun de ses sens n'est en contact avec lui. Cette survie de la perception dans la mémoire constitue une idée, un concept, une image mentale ; et les images mentales ainsi accumulées forment la réserve amassée par la conscience dans le monde extérieur. C'est sur ce stock d'idées que la conscience commence son travail d'élaboration ; et la première période de ce travail sera l'arrangement, la coordination des idées, phase préliminaire du "raison-nement" dont ces idées feront l'objet.

Le raisonnement vient ensuite et débute par la comparaison des idées entre elles ; puis il induit leurs rapports, d'après la simultanéité ou la séquence, maintes fois répétée, de deux ou plusieurs d'entre elles. Au cours de cette opération, la conscience de l'Homme s'est en quelque sorte repliée sur elle-même, ramenant en son intérieur les idées extraites des perceptions ; elle se met alors à l'oeuvre pour ajouter à ces idées quelque chose d'original, comme, par exemple, lorsqu'elle induit une séquence ou qu'elle relie les idées entre elles par un rapport de cause à effet. Elle commence à tirer des conclusions, elle commence même à prévoir l'avenir dans les cas où elle a pu établir une séquence, en sorte que, voyant apparaitre la perception considérée comme "cause", elle s'attend à voir suivre la perception considérée comme "effet". Poussant alors plus loin son travail d'élaboration, la conscience de l'Homme remarque, en comparant ses idées, qu'un grand nombre d'entre elles ont un ou plusieurs éléments en commun, tandis que les autres parties constituantes diffèrent. Les caractéristiques communes sont isolées du reste et réunies entre elles comme caractéristiques d'une classe. Les objets qui les possèdent sont groupés ensemble, et, lorsqu'un nouvel objet de ce genre est perçu, il est immédiatement classé avec les autres. Ainsi la conscience humaine organise graduellement en un Cosmos le Chaos des perceptions avec lesquelles elle a commencé sa carrière mentale, et, de la succession ordonnée des phénomènes et, de la similitude des types trouvés dans la Nature, elle induit la notion de Loi.

Tout ceci est l'opération de la conscience dans et par le seul cerveau physique. Mais dans cette opération elle-même, nous pouvons déjà sentir la présence de ce que le cerveau à lui seul ne pourrait fournir. Le cerveau reçoit les vibrations ; la conscience, opérant dans le corps astral, transforme ces vibrations en sensations ; opérant enfin dans le corps mental, elle transforme les sensations en perceptions, puis accomplit toutes les opérations qui changent, comme nous l'avons dit plus haut, le chaos des perceptions en un cosmos harmonieux. Mais il y a plus : la conscience est illuminée d'en haut et guidée dans son travail par des idées qui, loin d'être fabriquées au moyen des matériaux fournis par le monde physique, s'y réfléchissent au contraire, directement, hors de l'Intelligence Universelle. Les grandes "Lois de la Pensée" règlent toute activité mentale, et l'action même de penser révèle leur préexistence, car c'est par elles et grâce à elles que cette action d'accomplit ; à défaut des Lois, penser serait impossible.

Il est presque superflu de remarquer que tous ces premiers efforts de la conscience cherchant à fonctionner dans son véhicule physique, ne vont pas sans des erreurs continuelles, erreurs provenant tant de l'imperfection de la perception elle-même, que des fautes commises dans les opérations ultérieures du raisonnement. Les inductions hâtives, les généralisations effectuées sur des données insuffisantes, viennent fausser une grande partie des conclusions trouvées; aussi les règles de la logique sont-elles formulées à seule fin de discipliner la faculté pensante et de lui permettre d'éviter les aberrations où son manque d'entrainement la ferait constamment tomber. Il n'en subsiste pas moins que la simple tentative, toute imparfaite qu'elle soit, de raisonner d'un objet à un autre est un indice distinct de la croissance de l'individu lui-même; car cette tentative montre qu'il ajoute quelque chose de son cru aux informations fournies par l'extérieur.

Ce travail, accompli sur les matériaux rassemblés dans le mental, influe sur le véhicule physique lui-même. Le mental, lorsqu'il relie entre elles deux perceptions quelconques, engendre dans le cerveau des vibrations correspondantes. Il établit donc un lien entre les deux groupes de vibrations moléculaires qui ont donné naissance, respectivement, aux perceptions considérées. En d'autres termes, le corps mental, entrant en activité, agit sur le corps astral et ce dernier impressionne les corps éthérique et grossier, dont la substance nerveuse se met à vibrer sous l'impulsion transmise. Cette action se manifeste, dans le cerveau, sous forme de décharge électrique, et des courants magnétiques, circulant entre les molécules et les groupes de molécules, donnent lieu à des interrelations extrêmement complexes. Ces courants laissent derrière eux, dans la substance cérébrale, ce que nous pourrons appeler un sillon nerveux, une ligne de moindre résistance ; et l'on conçoit facilement qu'un autre courant, ultérieur, éprouvera plus de facilité à suivre telle ligne, qu'à la traverser. Dès lors, si un groupe moléculaire cérébral, intéressé antérieurement par une vibration déterminée, est de nouveau excité à l'activité par la répétition, dans la conscience de l'Homme, de l'idée correspondante, le mouvement ainsi réveillé se propage spontanément le long du sillon formé par quelque association antérieure et met en mouvement un deuxième groupement moléculaire. Ce dernier transmet à la pensée, après les transformations nouvelles [15], une vibration qui se présente sous forme d'*idée associée.*

---

15   C'est-à-dire le passage du physique à l'astral, puis de l'astral au mental. (NDT)

On voit par là toute l'importance de l'association, car ce fonctionnement automatique du cerveau peut devenir extrêmement gênant, comme, par exemple, lorsqu'une idée inepte ou ridicule a été associée à une pensée sérieuse ou sacrée. La conscience évoque en elle-même la pensée sacrée, afin de méditer sur elle, et voilà que subitement, sans son consentement, l'idée inepte, évoquée à son tour par l'action spontanée du cerveau, vient montrer sa face grimaçante et faire irruption dans le sanctuaire qu'elle profane. Les Sages prennent garde à l'association et choisissent avec discernement leurs termes, lorsqu'ils parlent des choses sacrées, de crainte qu'un homme stupide et ignorant ne vienne à établir une association entre la pensée sainte et quelque autre idée sotte ou grossière, association qui, vraisemblablement, se répèterait par la suite dans la conscience de cet homme. Bien utile est le précepte du Maitre de la Judée : "Ne donnez pas aux chiens ce qui est sacré, et ne jetez pas vos perles aux pourceaux."

Un nouvel indice de progrès se montre lorsque l'Homme commence à régler sa conduite d'après les indications fournies par le travail interne de sa conscience, au lieu d'être mu par les impulsions du dehors. Il prend dès lors pour base de son activité sa propre réserve d'expérience accumulée ; il se souvient des évènements antérieurs, il compare entre eux les résultats qu'il a obtenus, dans le passé, en suivant telle ou telle ligne de conduite, et ses conclusions raisonnées guident seules sa détermination. L'Homme commence donc à projeter, à prévoir, à préjuger de l'avenir d'après le passé, à raisonner en avant sur le souvenir de ce qu'il a laissé derrière lui. À ce point, son Individualité, l'*Homme* véritable en lui, entre dans une phase décisive de son développement. Il peut en être encore réduit à fonctionner dans son seul cerveau physique, sans aucune activité indépendante ; mais il n'en devient pas moins, dès lors, une conscience grandissante, qui commence à se comporter comme une Individualité réelle et sait choisir délibérément sa route, au lieu de flotter au gré des circonstances, ou d'être poussée de force, selon une ligne de conduite particulière, par quelque impulsion extérieure à son être. La croissance de l'Homme se montre donc nettement ici, il acquiert un caractère de plus en plus déterminé, une volonté de plus en plus puissante.

Ceci nous aidera à comprendre exactement en quoi diffèrent l'Homme dont la volonté est forte, et celui qui manque de volonté. Ce dernier est mu du dehors, par les attractions et les répulsions extérieures ; tandis que l'Homme à volonté forte est mu de l'intérieur et maîtrise à chaque instant les circonstances en faisant agir sur elles des forces appropriées, forces que sa réserve d'expérience accumulée lui permet de choisir. Cette réserve lui est de plus en plus accessible, à mesure que son cerveau physique devient plus docile, plus délicat et, par suite, plus réceptif. La réserve entière est dans l'Homme, mais seule, la portion qu'il parvient à transmettre à sa conscience physique peut être utilisée par lui. C'est l'Homme lui-même qui possède la mémoire et fait le raisonnement, c'est l'Homme lui-même qui juge, choisit et décide ; mais il doit faire tout cela à travers son cerveau éthérique et grossier ; il doit opérer et agir par l'intermédiaire du corps physique, du système nerveux et de l'organisme éthérique qui s'y rattache. À mesure que le cerveau devient plus impressionnable, que la qualité de sa substance s'améliore, et que l'Homme en devient réellement le maitre, il peut l'employer à une plus parfaite expression de lui-même.

Comment devrons-nous, alors, nous, hommes vivants, procéder à l'entrainement des véhicules de notre conscience, afin d'en faire des instruments plus parfaits ? — Il s'agit d'étudier ici, non plus le simple développement matériel d'un véhicule, mais son entrainement par la conscience qui l'emploie comme instrument de sa pensée.

Afin de rendre plus utile son véhicule physique, à l'amélioration matérielle duquel il a déjà consacré son attention, l'Homme prend la détermination de l'entrainer à répondre, promptement et avec suite, aux impulsions qu'il lui transmet. Afin que son cerveau puisse répondre avec suite, lui-même pensera d'une manière suivie. Grâce à la séquence rigoureuse des impulsions ainsi transmises, il habituera son cerveau à penser avec séquence par groupements associés de molécules, et non plus par vibrations dispersées, sans rapport entre elles. L'initiative vient de l'Homme, le cerveau ne fait qu'imiter : penser négligemment et sans suite, c'est faire prendre au cerveau l'habitude de former des groupements vibratoires sans liaison entre eux.

L'entrainement se divise donc en deux phases. D'abord, l'Homme, décidé à penser consécutivement, entraine son corps mental à enchainer les pensées entre elles et à ne plus jamais tomber au hasard sur une idée isolée et quelconque. Puis, en pensant ainsi, il entraine à son tour le cerveau physique qui vibre en réponse à sa pensée. De la sorte, l'organisme physique, nerveux et éthérique prend l'habitude de fonctionner systématiquement, et, lorsque son possesseur a besoin de lui, il est toujours à sa disposition, prêt à répondre promptement et avec régularité. Entre un tel véhicule, bien entrainé, et celui qui ne l'est pas, la différence est la même qu'entre les outils d'un ouvrier négligent, sales et émoussés, impropres à un usage immédiat, et ceux de l'ouvrier industrieux, toujours prêts à l'usage, affilés et propres, que leur maitre trouve immédiatement sous sa main, pour tout travail nécessitant son attention. C'est ainsi que le véhicule physique devrait être toujours prêt à répondre à l'appel du mental. Le résultat de ce travail incessant, effectué sur le corps physique, ne se bornera nullement à accroitre les capacités du cerveau. Chaque impulsion envoyée au corps physique a dû passer à travers le véhicule astral, exerçant, sur lui aussi, une action très nette. Nous avons vu, en effet, que la substance astrale est infiniment plus sensible aux vibrations mentales que la matière physique; l'effet produit sur le corps astral, par la méthode d'entrainement que nous avons considérée, sera donc proportionnellement grand. Nous voyons donc apparaitre, parmi les résultats de cette méthode, les caractéristiques déjà signalées comme indiquant l'évolution du corps astral, à savoir, la netteté des contours de ce corps et l'achèvement de son organisation.

Lorsque l'Homme a appris à dominer le fonctionnement de son cerveau, lorsqu'il a appris la concentration, lorsqu'il est capable de penser comme il le veut, un développement correspondant se produit, chez lui, dans ce qu'il pourra appeler (s'il en a physiquement conscience) la vie du rêve. Ses rêves deviendront clairs, bien soutenus, rationnels, instructifs même. L'homme commence à fonctionner dans le deuxième véhicule de sa conscience, le corps astral; il pénètre dans la deuxième grande région, ou le deuxième plan de la Conscience Universelle, et là, il agit dans son enveloppe astrale, indépendamment du corps physique.

Considérons un instant la différence entre deux hommes, tous deux "bien éveillés", c'est-à-dire fonctionnant dans leur véhicule physique, mais dont l'un ne fait qu'utiliser inconsciemment son corps astral comme un pont entre le mental et le cerveau, tandis que l'autre l'emploie consciemment comme véhicule. Le premier n'a que la faculté de vision normale, ordinaire, toute limitée; car son corps astral n'est pas encore un véhicule effectif de sa conscience. L'autre, au contraire, emploie la vision astrale et n'est plus limité par la matière physique, il voit à travers tous les corps physiques, il voit derrière eux comme devant, les murs sont pour lui transparents comme du verre; il perçoit, en outre, les formes et les couleurs astrales, les élémentals et tous les êtres du plan astral. S'il se rend à un concert, les flots d'harmonie s'accompagnent pour lui d'éclatantes symphonies de couleurs; s'il assiste à un discours, il voit, en couleur et forme, les idées de l'orateur et obtient une représentation de sa pensée, autre que plus complète que s'il n'entendait que le son des paroles. Car les pensées, symboliquement exprimées en paroles, sont aussi proférées en formes colorées et musicales, et revêtues de substance astrale, elles impressionnent le corps astral des auditeurs. Lorsque la conscience est pleinement éveillée dans ce corps, elle reçoit et enregistre toutes ces impressions additionnelles, et beaucoup de personnes, en s'interrogeant avec soin, devront avouer qu'elles reçoivent de l'orateur bien plus que l'apport des simples paroles, quoiqu'elles puissent n'en avoir pas conscience sur le moment. Plusieurs trouveront dans leur souvenir des choses que l'orateur n'a point dites ; c'est parfois une sorte de suggestion, continuant et complétant la pensée exprimée, comme s'il se dégageait des mots un "je ne sais quoi", leur faisant revêtir un sens plus profond, que l'oreille seule ne pourrait percevoir. C'est là une expérience qui témoigne du développement du corps astral. L'Homme qui surveille sa pensée fait travailler inconsciemment son corps astral, qui, par le fait même, évolue et acquiert une organisation de plus en plus parfaite.

La "perte de conscience" pendant le sommeil est due, soit au manque de développement du corps astral, soit à l'absence de liens de communication consciente entre ce véhicule et le corps physique. L'homme ordinaire emploie son corps astral à l'état de veille, pour transmettre les courants mentaux à son cerveau physique. Mais, lorsque ce cerveau physique, seul récepteur habituel des impressions du dehors, n'est pas en fonctionnement actif, alors l'Homme se trouve un peu dans la même situation que David dans son armure neuve ; il n'est plus aussi sensible aux impressions qui lui viennent par l'intermédiaire du seul corps astral, à l'emploi indépendant duquel il n'est pas encore habitué. Bien plus, il peut apprendre à s'en servir indépendamment sur le plan astral et ignorer totalement, au retour, l'emploi qu'il en a fait. C'est là une autre étape du lent progrès de l'Homme. Il commence donc à utiliser son corps astral dans la région qui lui correspond, avant de pouvoir établir un lien de continuité entre ce nouvel état de conscience et sa conscience à l'état de veille, sur le plan physique. Finalement, la connexion est établie, et l'Homme passe en pleine conscience d'un véhicule à l'autre ; il est libre quant au monde astral. Il a nettement élargi le champ de sa conscience à l'état de veille jusqu'à inclure le plan astral, et même lorsqu'il reste dans son corps physique, ses sens astraux sont entièrement à son service. On peut dire qu'il vit en même temps dans les deux mondes, entre lesquels il n'existe plus, pour lui, de séparation ; il parcourt désormais la terre comme un aveugle-né dont les yeux auraient été ouverts.

Au degré suivant de son évolution, l'Homme commence à travailler *consciemment* sur le troisième plan, le plan mental. Il y a déjà longtemps qu'il fonctionne sur ce plan, faisant naitre là, toutes les impulsions mentales qui prennent des formes si actives dans le monde astral et s'expriment par l'intermédiaire du cerveau dans le monde physique. Mais, lorsqu'il devient enfin conscient *dans* son corps, dans son véhicule mental, il s'aperçoit qu'en pensant il crée des formes; il devient conscient de l'acte créateur qu'il a exercé si longtemps sans y songer. Le lecteur pourra se rappeler une des lettres citées dans le *Monde Occulte*, lettre dans laquelle un Maitre dit que tout homme produit des formes-pensées, mais qu'il y a néanmoins à cet égard une différence essentielle entre l'homme ordinaire et l'Adepte, car l'homme ordinaire produit ces formes inconsciemment, tandis que l'Adepte les crée consciemment. (Le terme Adepte est ici employé en un sens très large, comprenant des Initiés de divers degrés bien inférieurs à celui du Maitre.)

Parvenu au degré de son développement qui nous occupe ici, l'Homme voit croitre dans une large mesure son pouvoir de rendre service; car lorsqu'il peut créer et diriger consciemment une forme-pensée (ou un élémental artificiel, selon la terminologie fréquemment usitée), il peut l'employer à travailler en des lieux où il lui semble préférable de ne pas se transporter lui-même en corps mental. Il peut ainsi oeuvrer de loin comme de prés et accroitre par là son utilité. Il contrôle ces formes-pensées à distance, les surveillant et les guidant dans leur travail, et faisant d'elles les agents de sa volonté.

À mesure que son corps mental se développe, et qu'il y vit et fonctionne consciemment, l'Homme prend connaissance de toute la vie plus large et plus vaste du plan mental. Il peut rester dans son corps physique, et être conscient, par lui, des objets physiques qui l'entourent, tout en étant éveillé et pleinement actif dans le monde mental. Point n'est besoin d'endormir le corps physique pour faire usage des facultés supérieures. Le sens mental est continuellement employé pour recevoir de toutes parts les impressions du monde mental, en sorte que l'Homme perçoit simultanément les opérations mentales des autres et leurs mouvements physiques.

À ce point de son évolution — point relativement élevé, par rapport au reste de l'Humanité, quoique encore bas en comparaison de ce à quoi il aspire — l'Homme fonctionne consciemment dans son troisième véhicule, ou corps mental ; il se rend compte de toutes les actions qu'il accomplit dans ce corps, et acquiert l'expérience directe des pouvoirs et des limitations que comporte son emploi. Il apprend nécessairement aussi à se distinguer lui-même du véhicule dont il se sert. C'est alors qu'il sent le caractère illusoire du "moi" personnel, du "moi" du corps mental, qui n'est pas celui de l'Homme. Il apprend dès lors à s'identifier consciemment avec son Individualité qui réside en ce corps plus élevé, le corps causal, existant dans les plus hautes régions du plan mental, dans le monde *arûpa*. Il s'aperçoit enfin que lui-même, l'Homme véritable, peut se retirer du corps mental, le laisser derrière lui et, s'élevant toujours plus haut, rester néanmoins lui-même. Il sait alors que ses multiples existences ne sont en vérité que les jours d'une seule vie, et qu'à travers elles toutes, lui, l'Homme vivant, conserve intacte son identité.

Passons maintenant aux liens, aux organes de transition qui relient entre eux les différents corps de l'Homme. Ces liens existent d'abord sans que l'Homme en ait conscience. Ils sont là, nécessairement, sans quoi l'activité humaine ne pourrait se transmettre du plan mental au plan du corps physique ; mais l'Homme n'est pas conscient de leur existence, ils ne sont pas activement vivifiés. Ils sont semblables à ce qu'on appelle, dans le corps physique., des organes rudimentaires. Tout étudiant en biologie sait que les organes rudimentaires sont de deux sortes : l'une nous montre les vestiges des phases traversées jadis par le corps dans son évolution ; l'autre peut fournir des indications sur le développement futur de l'être. Dans les deux cas, ces organes existent, mais ne fonctionnent pas ; leur activité dans le corps physique appartient soit au passé, soit à l'avenir ; elle est morte ou encore à naitre. Les liens que je me risquerai à appeler, par analogie, des organes rudimentaires du deuxième genre, relient le corps physique (grossier et éthérique) au corps astral, le corps astral au corps mental, le corps mental au corps causal. Ils ont une existence réelle, mais ils doivent être amenés à l'activité, c'est-à-dire développés, et, comme leurs analogues physiques, ils ne peuvent être développés que par l'exercice. Le courant vital les traverse, le courant mental les traverse également ; par-là ils sont nourris et maintenus en vie. Mais pour les amener à fonctionner activement, l'Homme doit fixer sur eux son attention et faire porter sur leur développement toute la force de sa Volonté. L'action de la Volonté commence à vivifier ces liens rudimentaires, et, degré par degré, parfois avec une extrême lenteur, ils se mettent à fonctionner ; l'Homme commence, à les utiliser pour le transfert de sa conscience d'un véhicule à l'autre.

Il y a, dans le corps physique, des centres nerveux, de petits groupes de cellules nerveuses, par où passent et les impressions du dehors, et les impulsions du dedans, transmises par le cerveau. S'il se produit une perturbation dans l'un de ces centres, des troubles surviennent aussitôt dans la conscience physique. Il y a des centres analogues dans le corps astral ; mais chez l'Homme peu évolué, ils sont rudimentaires et ne fonctionnent pas. Ces centres sont les liens, ou organes de transition du physique à l'astral, de l'astral au mental. À mesure que l'évolution s'accomplit, ils sont vivifiés par la Volonté, qui délivre et conduit le "Feu-Serpent", appelé *Kundalini* dans les livres Indous. Le stage préparatoire à l'action directe qui libère *Kundalini* consiste en l'entrainement et la purification de nos véhicules. Car, si cette purification n'est pas complète, le "Feu" est une énergie destructive, et non pas vivifiante. Voilà pourquoi j'ai tant insisté sur la purification, que j'ai donnée comme le stage préliminaire indispensable de tout véritable Yoga.

Lorsque l'Homme s'est mis en état d'être aidé, dans la vivification de ces liens, sans aucun danger pour lui-même, cette assistance lui est donnée, tout naturellement, par Ceux qui cherchent sans cesse l'occasion d'aider l'aspirant sincère et désintéressé. Alors, un beau jour, l'Homme se sent glisser, tout éveillé, hors de son corps physique, et, sans aucune rupture dans son état conscient, il s'aperçoit qu'il est libre. Lorsque le phénomène s'est répété plusieurs fois, le passage d'un véhicule à l'autre devient chose familière et aisée. D'ordinaire, lorsque le corps astral se dégage, au moment du sommeil, il y a une brève période d'inconscience, et, alors même que l'Homme fonctionne activement sur le plan astral, il ne parvient pas, au retour, à franchir consciemment cet intervalle. Inconscient en quittant son corps, il sera probablement inconscient en y rentrant. Il peut y avoir conscience pleine et active sur le plan astral, et néanmoins l'impression sur le cerveau physique sera identiquement nulle. Mais, lorsque l'Homme quitte son corps en pleine conscience, ayant développé activement les organes de transition entre ses véhicules, alors il a jeté un pont sur le gouffre que cette période d'inconscience représente pour l'homme ordinaire. Désormais, ce gouffre n'existe plus pour lui; sa conscience passe instantanément d'un plan à l'autre, et il se connait comme le même Homme sur tous deux.

Plus le cerveau physique est entrainé à répondre aux vibrations du corps mental, plus il est facile de franchir l'abime qui sépare le jour de la nuit. Le cerveau devient l'instrument, de plus en plus docile, de l'Homme, exerçant ses activités sous l'impulsion de sa seule Volonté, et répondant, comme un cheval bien dressé, à la plus légère pression du genou ou de la main. Le monde astral est ouvert à l'Homme qui a unifié ainsi les deux véhicules intérieurs de sa conscience. Ce monde lui appartient, avec toutes ses possibilités, avec tous ses plus vastes pouvoirs, avec ses occasions, plus belles, de rendre service et de porter secours. Alors vient la joie de porter aide à des âmes souffrantes qui ignorent d'où vient le soulagement de leur peine, de verser du baume sur des blessures qui semblent guérir d'elles-mêmes, de soulever des fardeaux qui deviennent miraculeusement légers aux douloureuses épaules sur lesquelles ils pesaient si lourdement.

Il faut plus que cela pour franchir l'abime qui sépare une vie d'une autre vie. Le transfert ininterrompu du souvenir à travers jours et nuits signifie simplement que le corps astral fonctionne parfaitement, et que les liens qui le rattachent au corps physique sont en pleine activité. Si l'Homme veut franchir l'espace qui s'étend entre deux incarnations, il ne lui suffit plus de fonctionner, en pleine conscience dans son corps astral, ou même dans son corps mental. Car le corps mental se compose de la substance des niveaux inférieurs du monde mental, et ce n'est pas encore là le point de départ du processus réincarnateur. Le corps mental se désagrège à son heure, tout comme les véhicules astral et physique ; il ne peut donc rien transporter d'un bord à l'autre. — En un mot, l'Homme peut-il, oui ou non, fonctionner consciemment dans son corps causal, sur les niveaux supérieurs du plan mental ? Telle est la question d'où dépend pour lui le souvenir de ses incarnations passées ; car c'est le corps causal qui passe de vie en vie ; c'est en lui que tous les matériaux sont amassés ; c'est en lui que demeure toute l'expérience acquise. C'est là, en effet, que la conscience de l'Homme se retire finalement après chaque existence, pour redescendre ensuite vers une naissance nouvelle.

Suivons, rapidement, l'âme dans la série des phases de sa vie au sortir du monde physique, et voyons jusqu'où s'étend le royaume de la Mort. L'Homme se retire d'abord de la partie la plus dense de son véhicule physique. Le cadavre abandonné se décompose graduellement et retourne au monde physique ; rien n'en subsiste, par où le lien magnétique du souvenir puisse se transmettre. L'Homme est alors revêtu de la portion éthérique de son corps physique. Mais au bout de quelques heures, il se débarrasse de cette enveloppe éthérique, qui, elle aussi, se résout en ses éléments. Dès lors, aucun souvenir se rapportant au cerveau éthérique n'aidera à franchir le gouffre. L'Homme passe dans le monde astral, et il y reste jusqu'à ce qu'il ait dépouillé son corps astral, tout comme les deux précédents ; le "cadavre astral", à son tour, se désagrège et restitue ses matériaux au monde astral, dispersant tout ce qui, en lui, eût pu servir de lien magnétique indispensable à la mémoire. L'Homme passe ensuite dans son corps mental et réside aux niveaux *rûpa* du Dévachan pendant des siècles, élaborant en facultés les expériences acquises et jouissant du fruit de ses oeuvres. Mais ce corps mental, lui aussi, est abandonné lorsque les temps sont mûrs, et que l'homme passe dans son corps causal, emportant avec lui l'essence de tout ce qu'il a recueilli et assimilé. Il laisse derrière lui le corps mental, qui se désagrège comme les précédents, car sa substance, quelque subtile qu'elle soit à notre point de vue, ne l'est pas encore assez pour passer outre dans les niveaux supérieurs du monde mânasique. Le corps mental doit donc être abandonné, pour se fondre graduellement en la substance de la région à laquelle il appartient. Encore une fois, la combinaison se résout en ses éléments. Tout le long du chemin, l'Homme dépouille un corps après l'autre, et ce n'est qu'en atteignant aux niveaux *arûpa* du monde mental, qu'il cesse d'être soumis au sceptre de la Mort et à son action dissolvante. Il sort donc enfin du domaine de la Mort et demeure en son corps causal, sur lequel elle n'a aucun pouvoir et où il accumule tout ce qu'il a pu recueillir dans son pèlerinage. D'où ce nom de corps *causal*, car là résident toutes les causes efficientes des incarnations futures.

Il est clair, maintenant, que l'Homme doit commencer à agir en pleine conscience sur les niveaux *arûpa* du monde mental, dans son corps causal, avant que sa mémoire puisse franchir le gouffre de la mort. Une âme peu développée, abordant cette région, ne peut pas y demeurer consciente. Elle y pénètre, amenant avec elle les germes de toutes ses qualités ; un subit éclair de conscience illumine, un instant à peine, le passé et l'avenir, puis l'Égo ébloui retombe à l'instant vers l'incarnation. Il a apporté les germes avec lui jusqu'en son corps causal, et il les projette à nouveau en manifestation, sur chaque plan successivement. Ces germes attirent à eux, chacun selon son espèce, la substance qui convient à leur expression. Ainsi, sur les niveaux *rûpa* du monde mental, les germes mentaux attirent autour d'eux la substance de ces niveaux pour former le nouveau corps mental, et la substance ainsi rassemblée met en évidence les caractéristiques mentales déterminées par le germe intérieur. Ainsi le gland s'épanouit en un chêne, attirant à lui pour cette fin, du sol et de l'atmosphère, les matériaux convenables. Le gland ne peut pas fournir un bouleau ou un cèdre : il ne peut donner qu'un chêne. De même le germe mental de l'Individu considéré doit se développer selon sa propre nature et selon nulle autre. C'est ainsi que Karma opère dans la construction des véhicules ; l'Homme récolte la moisson dont il a semé le grain. Le germe projeté hors du corps causal ne peut se développer que selon son espèce. Attirant à lui le germe de matière qui

lui correspond et l'arrangeant en sa forme caractéristique, il reproduit fidèlement les qualités acquises par
l'Homme dans le passé. Lorsque, de proche en proche,
l'activité de l'être gagne le plan astral, les germes qui
appartiennent à ce monde sont à leur tour projetés en
manifestation, et ils agglomèrent autour d'eux les matériaux astraux et les essences élémentales susceptibles
de servir à leur expression. Ainsi rentrent en scène les
appétits, les émotions et les passions appartenant au
corps du désir, ou corps astral de l'Homme; reformés,
tels qu'auparavant, dès son arrivée sur le plan astral.

Pour que la conscience des vies passées puisse
subsister, transmise à travers toutes ces transformations et tous ces mondes divers, il faut qu'elle existe
en pleine activité sur ce plan élevé des causes, le plan
du corps causal. Les gens ne se souviennent pas de
leurs vies passées, parce qu'ils sont incapables d'utiliser consciemment leur corps causal comme véhicule de leur conscience; ce corps n'a encore développé
chez eux aucune activité fonctionnelle indépendante.
Il est présent, néanmoins, il est l'essence de leurs vies,
leur "moi" véritable, d'où procède tout le reste; mais
il ne fonctionne pas encore activement. Son activité
est inconsciente, machinale; il n'a pas encore atteint la
"soi-conscience", et tant que cette condition n'est pas
réalisée, pleinement réalisée, la mémoire ne peut fran-

chir la succession des plans pour se transmettre d'une
vie à l'autre. À mesure que l'Homme avance dans la
voie du progrès, des lueurs fugitives, de plus en plus
fréquentes, viennent illuminer des fragments du passé.
Mais ces lueurs doivent se transformer en une lumière
continue avant qu'aucun souvenir consécutif ne puisse
se produire.

L'on pourra me demander : "Est-il possible d'en-
courager le retour de ces lueurs ? Est-il possible, pour
l'être humain, de hâter le développement graduel de
cette vie active de, sa conscience sur les plans supérieurs ?" — La personnalité inférieure peut oeuvrer vers
ce but, si elle en a la patience et le courage. Elle peut
chercher à vivre, de plus en plus, dans le "Soi" permanent, à retirer de plus en plus sa pensée et son énergie
des intérêts triviaux et éphémères de la vie extérieure.
Je n'entends pas par-là que l'Homme doive devenir
rêveur, abstrait, n'être plus qu'un membre errant et
inutile de la société comme de la famille. Au contraire,
tous ses devoirs envers le monde seront remplis, et cela,
avec la perfection qu'exige la dignité même de celui qui
les remplit. Il ne peut plus oeuvrer imparfaitement et
maladroitement, comme l'Homme moins évolué ; car
pour lui, le devoir, c'est le devoir, et, tant qu'il lui reste
une dette impayée envers l'un quelconque des êtres
qui sont dans le monde, cette dette doit être acquittée

jusqu'au dernier centime. Chaque devoir sera donc accompli avec toute la perfection possible, avec toute la puissance de ses facultés, avec l'attention la plus soutenue. Mais il ne placera pas en ces choses son *intérêt;* sa pensée ne s'attachera pas au *résultat* de ces actions. Chaque fois qu'il sera libre, son devoir accompli, sa pensée se reportera à l'instant vers la vie permanente; avec toute la force de ses aspirations, il s'élèvera vers les plans supérieurs, et là, il commencera à vivre sa vraie vie, appréciant à leur juste non-valeur les trivialités de la vie du monde. Grâce à cette application constante, jointe à l'effort continu d'entrainement à la pensée haute et abstraite, l'Homme commencera à vivifier les liens de transition entre ses états conscients successifs, et à ramener graduellement en sa vie inférieure cette conscience infiniment plus vaste que la sienne, et qui est cependant son véritable "Soi".

L'Homme est réellement un et le même, quel que soit le plan sur lequel il fonctionne; et son triomphe est accompli lorsqu'il fonctionne sur les cinq plans à la fois, sans aucune rupture dans son état conscient. Ceux que nous appelons les Maitres, les "Hommes devenus parfaits", fonctionnent, dans Leur conscience à l'état de veille, non seulement sur les trois plans inférieurs, mais sur le quatrième, le plan de l'Unité, appelé *Tourîya* dans le *Mandoukyopanishad*, ainsi que sur le cinquième plan, celui de *Nirvâna*, plus élevé encore. Pour eux, l'évolution est accomplie ; le parcours de notre cycle actuel a été définitivement achevé, et ce qu'Ils sont, tous, nous le serons un jour, au terme de notre lente ascension.

Ce terme, c'est l'unification de notre conscience ; les véhicules subsistent pour l'usage de l'Homme, mais ne sont plus capables de l'emprisonner ; l'un quelconque d'entre eux peut être employé, à volonté, selon la nature du travail qui doit être accompli.

Ainsi s'achève, la conquête de la Matière, de l'Espace et du Temps. Pour l'Homme unifié, leurs barrières n'existent plus. Au cours de son ascension, il a pu sentir décroitre, sans cesse, l'empire de leurs limitations sur lui. Déjà sur le plan astral, la matière est impuissante à diviser comme ici-bas ; elle ne peut plus le séparer de ses frères avec la même efficacité. Le déplacement, en corps astral, est tellement rapide, que l'espace et le temps peuvent être considérés comme étant pratiquement conquis ; car, bien que l'Homme ait encore la notion de l'espace parcouru, son passage est tellement rapide, qu'aucune distance sur terre ne peut séparer l'ami de l'ami. Cette première conquête seule suffit pour réduire à néant la distance physique.

S'élevant ensuite au plan mental, l'Homme se trouve maitre d'une nouvelle puissance : lorsqu'il pense à un lieu, il y est présent ; lorsqu'il pense à un ami, cet

ami est là, devant lui. Dès le troisième plan, toutes les
barrières de la matière, de l'espace et du temps n'existent plus pour la conscience humaine : elle est instantanément présente, à volonté, en n'importe quel lieu.
Tout ce que l'Homme veut voir est vu à l'instant, dès
que son attention s'y porte ; tout ce qui est perçu est
perçu en une impression unique. L'espace, la matière
et le temps, tels qu'ils sont connus dans les mondes
inférieurs, ont disparu ; la succession n'existe plus, dans
l'éternel maintenant.

S'élevant plus haut encore, l'Homme voit s'abattre
d'autres barrières à l'intérieur même de sa conscience,
et il se sait *un* avec d'autres consciences, avec d'autres
êtres vivants ; il peut penser comme eux, sentir comme
eux, savoir comme eux. Il peut rendre leurs limitations
siennes pour l'instant, afin de comprendre exactement
leur manière de penser, tout en conservant intacte sa
propre conscience et la notion de son Individualité.
Il peut utiliser sa connaissance plus vaste, pour aider
au travail de la pensée plus étroite, plus resserrée, en
s'identifiant à elle afin de desserrer doucement ses liens
par une expansion graduelle. Il remplit des fonctions
toutes nouvelles dans la nature, dès que, se rendant
compte de l'unité du Soi en toutes choses, il déverse
les énergies de son être du plan de cette Unité même.
Il peut s'identifier, lorsqu'il le veut, avec les animaux

inférieurs eux-mêmes, pour sentir comment le monde existe à leurs yeux et leur donner exactement le secours dont ils ont besoin, l'aide qu'eux-mêmes désirent et cherchent dans le tâtonnement de leur aveugle effort.

Dès lors, la conquête de l'Homme n'est donc pas pour lui seul, mais pour tous ; et s'il acquiert de plus vastes pouvoirs, c'est uniquement pour les mettre au service de l'immense chaine des êtres qui se pressent à sa suite sur l'échelle de l'évolution. Voilà comment il devient Soi-conscient dans le monde entier ; voilà pourquoi il a appris à vibrer en réponse à chaque cri de douleur, à chaque élan de joie ou de tristesse. Tout est atteint, tout est consommé, et le Maitre est l'Homme "qui n'a plus rien à apprendre". Par là nous ne voulons pas dire que toute la connaissance possible soit, en un même instant donné, présente à Sa conscience ; nous voulons seulement dire qu'en ce qui concerne le degré d'évolution atteint par Lui, il n'est rien qui Lui soit caché, il n'est rien, dont il ne devienne pleinement conscient dès qu'Il y tourne Son attention. Dans notre cycle actuel d'évolution, de tout ce qui vit — et toute chose vit — il n'est rien qu'Il ne puisse comprendre, rien, par suite, qu'Il ne puisse aider.

Ici est l'ultime triomphe de l'Homme. Tout ce dont j'ai parlé serait futile, sans valeur, si cela devait être acquis pour l'étroite et mesquine chose qu'ici-bas nous appelons notre "moi". Tous les degrés, ami lecteur, dont j'ai voulu te montrer le chemin, ne vaudraient pas l'effort de l'escalade, s'ils étaient destinés à te déposer enfin sur quelque pic isolé, loin de tous tes frères pécheurs et souffrants, au lieu de te conduire au coeur même des choses, où vous êtes, eux et toi, éternellement *un*. La conscience du Maitre rayonne à son gré dans le sens où Il l'oriente, elle s'assimile à tout point vers lequel Il la projette, elle sait tout ce qu'Il veut savoir ; et cela, afin qu'Il n'y

ait rien dans Son Univers, qu'Il ne puisse sentir, rien qu'Il ne puisse réchauffer dans son sein, rien qu'Il ne puisse fortifier, rien qu'Il ne puisse aider à évoluer.

Pour Lui, le monde entier est un vaste "Tout" évoluant, et le rôle qu'Il y joue est celui d'une Force consciente aidant à cette évolution. Il est capable de s'identifier Lui-même avec un degré quelconque de l'échelle de vie, pour donner à ce degré le secours approprié. Il aide les royaumes élémentals à évoluer vers la matière ; il aide de même l'évolution ascendante du minéral, du végétal, de l'animal, de l'Homme, chacune selon son espèce. Il aime et aide tout "comme Lui-même", car la gloire de Sa vie, c'est que tout *est* Lui-même, et que néanmoins Il peut aider tout, conscient, dans l'acte même d'aider, de Sa propre identité avec ce qu'Il aide.

Le mystère du "comment cela peut être" se dévoile graduellement de lui-même, à mesure que l'Homme évolue, et que sa connaissance s'élargit pour embrasser un champ toujours plus vaste, devenant en même temps sans cesse plus vivante, plus intense, sans perdre jamais la notion du "soi". Lorsque le point est devenu la sphère, la sphère se trouve être le point; chaque point contient toutes choses, et il se sait un avec chaque autre point. L'extérieur est vu comme n'étant que le reflet de l'intérieur; la seule réalité est la Vie Une, et la différence, une illusion à jamais dissipée.

TABLE DES MATIÈRES

Mme Annie Besant
(1er octobre 1847 - 20 septembre 1933)

Née à Londres, Mme Annie Besant fut une conférencière, féministe, libre-penseuse, socialiste et théosophe britannique qui prit part à la lutte ouvrière et lutta également pour l'indépendance de l'Inde. Elle fit de nombreuses lectures philosophiques qui développèrent ses questionnements métaphysiques et spirituels. Elle partit s'installer en Inde en 1893 où était basée la Société théosophique. Elle en prit la direction en 1907 et l'assuma jusqu'à sa mort en 1933.